U0619874

周建芬◎著

家校社融通

学生生涯启蒙教育的论与实践

上海教育出版社
SHANGHAI EDUCATIONAL
PUBLISHING HOUSE

图书在版编目（CIP）数据

　　家校社融通：小学生生涯启蒙教育的理论与实践 /
周建芬著.— 上海：上海教育出版社，2025.6.
　　ISBN 978-7-5720-2824-3
　　Ⅰ.G622.0
　　中国国家版本馆CIP数据核字第2024V9M626号

策划编辑　刘美文
责任编辑　刘美文　黄梦竹
装帧设计　王鸣豪

家校社融通：小学生生涯启蒙教育的理论与实践
周建芬　著

出版发行　**上海教育出版社有限公司**
官　　网　www.seph.com.cn
地　　址　上海市闵行区号景路159弄C座
邮　　编　201101
印　　刷　上海普顺印刷包装有限公司
开　　本　700×1000　1/16　印张 14.5
字　　数　172 千字
版　　次　2025年6月第1版
印　　次　2025年6月第1次印刷
书　　号　ISBN 978-7-5720-2824-3/G·2501
定　　价　58.00 元

如发现质量问题，读者可向本社调换　电话：021-64373213

序

　　教育的根本目的在于为每个孩子的终身发展奠基。在新时代背景下，如何帮助儿童从小建立对自我、社会和未来的认知，培养适应未来社会发展的核心素养，成为基础教育的重要命题。摆在我们面前的这本《家校社融通：小学生生涯启蒙教育的理论与实践》，正是对这一时代命题的积极回应。本书立足于杭州采荷第三小学 14 年的实践探索，系统阐述了小学生生涯启蒙教育的理论基础、体系建构和实践路径，旨在为教育工作者、家长和社会各界提供可资借鉴的理论框架和实践策略，读来多有启迪。

　　首先，该书作者基于对教育本质的思考，阐释了在小学阶段开展生涯启蒙教育的意义所在。传统教育往往将生涯教育视为中学乃至大学阶段的专属领域，忽视了小学阶段儿童发展的关键期。事实上，心理学研究表明，6—12 岁是儿童自我概念形成的关键时期，这一阶段的生涯启蒙教育对儿童未来的发展具有奠基性作用。采荷第三小学自 2009 年启动《第三教育空间：转变育人模式的采三探索》课题研究以来，通过构建"家校社"协同的拓展性课程，尤其是"走读杭州"等特色活动，让学生走出课堂，走进社区、企业、文化场馆等真实社会场景，在职业体验、社会参与中激活对自我与世界的认知。这些实践让我们清晰地看到：小学阶段的生涯启蒙教育并不是超前的职业规划，而是通过适切的方式，在孩子心中播下"可能性"的种子。

其次，该书围绕"家校社融通"这一核心，在理论层面对小学生生涯启蒙教育进行了较为系统的阐述。该书较为详细地介绍了与小学生生涯启蒙教育相关的理论：马克思主义关于人的全面发展理论为生涯启蒙教育指明了目标方向，爱普斯坦的交叠影响域理论强调了家庭、学校和社会协同育人的重要性，萨维科斯的生涯建构理论为学生的生涯自我认知和规划提供了理论支撑，陶行知的"生活教育"理论则为生涯启蒙教育的实践提供了方法指引。在此基础上，作者阐述了小学阶段的生涯启蒙教育必须以核心素养的培育为价值取向，具体而言，就是要为小学生的终身发展奠基，即通过生涯启蒙教育，让小学生在实践中认识自己的个性特征、兴趣爱好、优势智能，能够结合自身的优势和特长，形成对自我发展的合理期望，提高小学生对个体存在的人生价值、生活意义的理解和对自身发展潜力与未来人生道路的认识，在丰富小学生个体经验的基础上，帮助小学生把所学的知识与远大的理想追求建立联系，从而形成一种发展的主动趋势和内驱力。

再次，该书对小学如何开展生涯启蒙教育提出了一系列实践操作方式。如通过开发生涯课程图谱，将生涯教育从分散的活动转变为系统的课程，涵盖生涯认知、生涯技能、生涯体验和生涯准备等多个专题。同时，根据不同年级学生的年龄特点设计课程内容，让学生逐步形成系统的生涯认知。又如通过建设生涯体验场域，将生涯教育从书本知识延伸到现实生活，通过公共空间布展、校内场室建设和校外场馆辅助，为学生提供丰富多样的职业体验机会，让学生在真实的场景中感受不同职业的魅力，学习职业技能。再如通过设计生涯体验活动，引导学生从校园走向社会，开展"我的偶像是先锋""阅读挑战年""特色游园""走读杭州""一日体验""学军学农"等各种丰富多彩的活动，让学生在实践中了解职业特征，学习优秀人物的品质，提升综合能力。此外，还可以通过为学生搭建生涯能力展示平台，运用私人订制、摘星圆梦和各级竞赛等方式，鼓励学生展示自我，从自发的兴趣发展走向自主的生涯探索。

第四，该书在评价探索方面也提供了不少颇有启迪的建议。如小学生生涯启蒙教育评价的理念要强调评价立场的人本化、目标的素养化、方法的多样化和主体的多元化。评价方式上，可以通过多样化的评价样态，如作品展示、非纸笔测试、个性化发展报告和数字童年平台展示等，全方位记录学生的生涯成长过程，从而为学生的生涯发展提供有针对性的反馈和指导。

当前，我国的小学生涯启蒙教育面临着理论体系不完善、实施路径不清晰、家校社协同机制欠缺等现实困境。该书作者长期致力于生涯启蒙的研究与实践，事实证明，通过课程融通、资源整合和空间再造，完全可以在小学阶段以"启蒙性、体验性、融合性"为原则，开展符合学生认知特点的生涯教育。这种教育不是简单的职业介绍，而是通过"做中学""玩中悟"，培养学生的社会理解力、自主规划力和终身学习力。我们期待，通过该书的出版，能够引发更多教育工作者对小学生生涯启蒙的关注，共同探索适合中国学生的生涯教育模式，特别是随着人工智能的发展，生涯教育也将迎来新的发展机遇，借助数字化技术，能够为学生提供更加个性化、多样化的生涯教育资源和体验方式，为培养面向未来的创新型人才贡献力量。

是为序。

施亮月

2024 年秋于杭城

目 录

第一章

时代召唤:
生涯启蒙教育的政策理路

　　人是一种社会性动物，社会性是人区别于动物的显著特征。关于人的社会性，马克思主义有一句经典的表述："人的本质不是单个人所固有的抽象物，在其现实性上，它是一切社会关系的总和。"[①] 人的本质，正是人的社会性，即"一切社会关系的总和"。我们认识到这一点，也就意味着我们承认，人的一生与职业密不可分，或者说职业伴随人的一生，因为职业本身以及职业背后的社会关系正是人的社会性的重要体现。人是一种"职业人"，这是现代社会对人的属性的一种假设，这种假设认为在人的众多身份中非常重要的身份就是职业身份，而职业身份又牵连起其他身份，形成了人的身份的职业属性。从这个意义上讲，教育的本质或许就是一种职业教育。这可以从两方面理解，一方面，教育作为一种社会子系统，本质上就是一种职业系统，教师本身就是一种职业身份；另一方面，教育的使命就是让受教育者在接受教育的过程中和从事某种职业后，树立职业道德，形成职业认知，获得专业本领，实现职业价值。这是我们讨论教育与职业的关系的逻辑起点，也是生涯教育成为教育重要组成部分的基本前提。

■ 第一节　生涯启蒙教育的历史发展及启示

　　从教育与人类的关系看，有了人类就有了教育，教育是专门培养人

---

① 高放，高哲，张书杰.马克思恩格斯要论精选（增订本）[M].北京：中央编译出版社，2016：425.

的社会实践活动，教育伴随人类的始终，没有人类就没有教育，人类的消亡也就意味着教育的消亡，这是人对教育活动的质的规定性。从人类与职业的关系来讲，职业与人类发展也是同步的，即使在原始社会阶段，虽然没有阶级，没有明显的社会分工，职业的内涵是隐形的，但这种隐形的职业分工本身就体现了人与职业的关系是天然存在的。随着生产力的发展和阶级的出现，社会分工愈加明显和精细，人的身份就与职业身份联系在了一起。因此，讨论生涯教育，实际上就是讨论教育与职业的关系，这种关系显然是一种相互作用的关系，也是一种相互共生的关系，更是一种相互融合的关系。通过对生涯教育、生涯启蒙教育的历史梳理，我们可以更清楚地了解生涯教育的发展轨迹和不同时期人们对生涯教育内涵的不同认识，以及这种认识背后的时代变化和教育差异。

一、生涯启蒙教育的历史梳理

前文已述，教育与职业都有漫长的历史，但是与职业密切相关的生涯教育，特别是把生涯教育作为一种专门的教育形态进行研究和实践却是从近代开始的，因此，从某种程度上可以说，生涯教育的思想源远流长，但专门的生涯教育的历史却并不长。对生涯教育的历史梳理，可以让我们从历史的维度了解生涯教育的"前世今生"，为认识生涯教育的现状和发展提供"历史之眼"。

（一）生涯教育的历史发展

从词源学的角度看，古人已经有生涯相关概念的表述。《庄子·养生主》中说："吾生也有涯，而知也无涯。以有涯随无涯，殆已！"，字面的意思是：人的生命是有限的，而知识是无限的，以有限的生命去追求无限的知识，这是不可能的。实际上，庄子的这句话在讨论一个非常重要的教育问题，即人如何在有限的生命里获得尽可能多的知识，更准确地说，就是在人有限的生命里获得最有价值的知识。这个问题与斯宾塞的经典命题，即"什么知识最有价值"，异曲同工。从生涯教育的角度讲，庄子的这个观点是告诫人们，人的生命是有限的，要对自己的学习做好规划，规划可以让你的生命过得更有意义。从某种程度上讲，经过规划的人生变得更有意义，这本身就是延伸了人的生命。南朝沈炯的《独酌谣》有"生涯本漫漫，神理暂超超"之句，这里的"生涯"主要指生命、人生、生活等。实际上，中国人自古就关注人生问题，人生哲学是中华文化的核心和思想精髓。不同的思想流派，如道家、儒家、佛家等，有着不同的思想方法，并从不同的视角探讨人生价值、人与外界的关系、人的生存、人的发展等问题。这些问题用现在的话说，就是关于人的生涯发展的问题。

在西方，生涯一词，英文是 career，源于罗马词 via carraria（马车道）和拉丁词 carrus（马车）。最早用作动词，蕴含疯狂竞赛的精神，后来被引申为道路，可以指人生的发展或是经历的过程，也可指一个人一生中所扮演的职业角色。①国外众多的学者都对生涯这一概念下过不同的定义，大部分比较赞同美国职业生涯规划教育大师舒伯（E. Super）提出的定义：生涯是生活中各种事件的演进方向和历程，它统合了人的一生中的各种职业和生活角色，由此表现出个人独特的自我发展形

---

① 魏泽，万正维，钟基玉. 中国大陆地区小学生涯教育现状分析与对策建议［J］. 教育与教学研究，2013（12）：12—17.

态。① 舒伯的这个观点指出了生涯的几个重要特征。第一，从动态观的视角把生涯看作一个过程，而不是简单看作一个结果，强调生涯是人的一生的经历；第二，从系统观的视角把生涯所包含的内容概括为职业生涯和各种生活角色的全部，生涯不等于职业生涯，这就极大地丰富了生涯的内涵；第三，从生涯的性质讲，生涯是一种独特的自我发展形态，这也就意味着生涯具有个体差异，每个人的生涯都不相同，都具有特异性，这同时意味着，每个人的生涯规划也不一样，是基于自身条件和个性的自我规划。正如有学者指出的那样，生涯是指一个人所有的教育背景、工作情况，甚至家庭及其在生活中的角色，各种经验的整合。② 这个概念与舒伯的观点是相似的，强调生涯的全程性、全面性和个体性。

生涯教育与生涯的内涵密切相关，但生涯教育本质上是一种教育活动或者教育行为，可以指向个体，但更多指向群体的教育活动。关于生涯教育的概念，有学者认为，"生涯教育"就是引导学习者将人生理想、自身条件与学校学习相结合，唤起学习者自主学习的内在动力，引导其对未来进行规划设计，最终找到适合自己的幸福生活方式的一种教育理念与实践。③ 生涯教育指以发挥个体天赋才能为目标，通过生涯认知、生涯安置、生涯进展等步骤，使个体逐步明确自身兴趣和能力，明晰未来发展方向，形成自我引导和决策能力的一种有组织、有计划的教育活动。④ 这两个概念都强调了生涯教育的本质属性是其教育性，从教育性的视角探讨生涯教育是大多数生涯教育研究者的基本方法。笔者对

---

① 沈之菲. 生涯心理辅导［M］. 上海：上海教育出版社，2000：3.
② 张娟，等. 人类发展之概念与实务［M］. 北京：科学技术文献出版社，1999：277.
③ 魏泽，万正维，钟基玉. 中国大陆地区小学生涯教育现状分析与对策建议［J］. 教育与教学研究，2013（12）：12—17.
④ 杨洋. 美国生涯教育课程构建的特点与启示［J］. 教学与管理：理论版，2022（3）：105—108.

生涯教育的概念进行了梳理，发现关于生涯教育概念、内涵的研究大体可以分成两类。一类是职业发展说，比如生涯教育是一种满足个体职业发展理想，贯穿人生各个教育阶段的教育。[①] 生涯教育是指通过对影响个体职业发展各因素的积极干预，提升个体职业发展质量，实现人与社会发展的根本追求的一种教育活动。[②] 生涯教育即生计教育，是一种聚焦于个体职业发展愿景，致力于个体对自身与社会有价值的生计的实现，达到人生与社会的高质量发展。[③] 生涯教育以个体获得工作为诉求，通过提供帮助，促进个体职业与事业目标的实现。[④] 一类是人生发展说，比如生涯教育就是围绕生涯发展而开展的所有正规的教育。[⑤] 生涯教育可以概括为按照社会要求和受教育者的发展需要，帮助学生规划人生的教育。[⑥] 生涯教育是一种生涯发展教育，通过形成与提升个体生涯规划的能力及态度达成其目的。[⑦] 但不管是职业发展说，还是人生发展说，都强调生涯教育对于未来职业和人生发展的重要意义。

1909 年，美国波士顿大学教授帕森斯（Parsons）《选择职业》一书出版，开职业指导之先河。[⑧] 在这本书中，帕森斯提出职业选择的三大要素：自我了解、获得有关职业的知识、整合有关自我与职业世界的知识，即职业与个人的匹配，这就是著名的"人与职业相匹配是职业选择

① 韩瑞连，韩芳. 生涯教育与职业教育及其相关概念内涵解析［J］. 中国职业技术教育，2009（3）：14—17.
② 南海，薛勇民. 什么是"生涯教育"：对"生涯教育"概念的认知［J］. 中国职业技术教育，2007（3）：5—6，10.
③ 许友根. 大学生生涯教育的设计与实施［J］. 教育与职业，2004（15）：25—27.
④ 冯国峰. 生涯教育是以职业为核心的综合性的终身教育［J］. 教育与职业，2012（6）：176—178.
⑤ 韩瑞连，韩芳. 生涯教育与职业教育及其相关概念内涵解析［J］. 中国职业技术教育，2009（3）：17.
⑥ 杨曦. 对中学生涯教育的再认识［J］. 中国教育学刊，2007（9）：26—29.
⑦ 庞春敏. 学生生涯教育研究回顾与展望［J］. 基础教育研究，2012（14）：5—7.
⑧ 俞国良，曾盼盼. 心理健康与生涯规划［J］. 教育研究，2008（10）：63—67.

的焦点"的观点。帕森斯认为，每个人都有自己独特的人格模式，每种人格模式的个人都有其相适应的职业类型，因此，"帕森斯特质因素论"又称"帕森斯的人职匹配理论"，是职业生涯规划很好的检测依据，也是最早的职业辅导理论。职业生涯教育的前身是职业指导，随着时代和理论的发展，职业生涯教育开始出现。

1971 年美国联邦教育署署长马兰博士（Marland）正式提出了"生涯教育"的概念，他认为："所有的教育都是或都将是生涯教育。我们教育家所应努力的，便是让青少年在中学毕业后，能成为适当有用的受雇者，或继续接受更进一步的深造。……适当有效的生涯教育，需要新的教育整合，它必须破除教育系统与社会隔离的障碍。其解决方案是：把我们的课程融于简单有力的中等教育系统中，使学生在生涯课程引导下，做有利的选择，达到人尽其才，以发挥教育的实用性。"[①] 马兰博士对生涯教育内涵的阐释，我们可以从以下几个方面来理解。第一，从生涯教育的外延来看，"所有的教育都是或都将是生涯教育"，这就意味着教育与生涯教育至少在外延上的一致性，这个观点对于全面理解生涯教育非常重要。当然，这里的"生涯"不限于职业生涯，包括生活经历，从这个意义上讲，教育就是服务于人的发展，包括但不限于职业发展，教育的本质就是为人的终身发展和适应社会发展提供全过程、全方位、全链条的指导和帮助，这与生涯教育的本质是一致的。第二，生涯教育的重点指向一个人的职业选择和职业发展。虽然生涯教育不等于职业发展教育，生涯教育的外延涵盖了人的生活的全部，但职业发展是生涯教育的重点，通过生涯教育让受教育者成为一个适合某种职业、在某个职

---

① 王焕勋.实用教育大词典［M］.北京：北京师范大学出版社，1995：816.

业岗位上发挥有益作用的人，是生涯教育义不容辞的责任，更是生涯教育的应有之义。如果生涯教育不主要服务于人的职业发展，那么生涯教育就会失去重心。实际上，从某种程度上讲，人的生活经历与职业经历本身就是相互作用、相互交融的，职业生活会影响其他生活，日常生活、家庭生活等也会影响职业生活。生涯教育以职业发展为重心，很好地平衡了人的发展与职业发展的关系。第三，生涯教育要实现预设的目标，发挥应有的作用，光靠学校教育是远远不够的，甚至是不可能的，生涯教育的重要指向是一个人的职业发展，而职业发展是社会发展的体现，受社会发展的约束，也推动着社会的发展，这也就意味着生涯教育应该"破除教育系统与社会隔离的障碍"，以开放的姿态实现教育与社会生活的充分融合，这一观点实际上是杜威"教育即生活""学校即社会"等教育本质观点在生涯教育领域的反映。从某种程度上讲，没有社会生活的参与，生涯教育就不是真正意义上的教育，没有社会职业的融通，生涯教育就是没有生命力的教育。

实际上，自从生涯教育的概念被提出来之后，各主要发达国家都开始在生涯教育领域开展探索。美国政府 1989 年颁布的《国家职业发展指导方针》要求儿童 6 岁开始接受连贯的职业生涯教育。[①] 韩国成立了职业生涯体验支援中心，协调推进中小学和社区、企业、大学、研究机构之间建立职业生涯体验伙伴关系。[②]1999 年，日本在《关于改善初等、中等教育与高等教育衔接》的报告中指出，有必要加强学校教育与职业生活的衔接，实施职业生涯教育。日本还制定了《培养劳动观和职业观

---

① 高燕定.人生设计在童年：哈佛爸爸有话说［M］.南宁：广西师范大学出版社，2005：28.
② 吕君，韩大东."核心素养"背景下韩国中小学职业生涯教育探究［J］.职业技术教育，2019（7）：68—73.

的计划框架》，要求职业生涯规划教育从小学、初中、高中直至大学都要实施，强调职业生涯教育的早期性和连续性。[①]德国教育部门也呼吁教师在幼儿和小学时期就要带领学生，以模拟职业的形式进行各种体验活动，学校也会开设各种手工劳动课，使学生从小就接触各种职业。[②]应该讲，主要发达国家的生涯教育已经形成了体系，并成为国民教育体系的重要组成部分。

我们国家中小学的生涯教育开展得相对较晚，这与我国的经济发展状况和教育发展阶段密切相关。2010年，《国家中长期教育改革和发展规划纲要（2010—2020年）》首次提出，要建立学生发展指导制度，加强对学生的理想、心理和学业等多方面的指导。2012年，上海市教育委员会印发了关于《上海市学生职业（生涯）发展教育"十二五"行动计划》的通知，积极推进生涯教育的开展。2014年，上海、浙江作为高考综合改革试点，更加重视生涯教育工作。2015年5月，浙江省教育厅发文要求加强对普通高中学生生涯规划教育的指导。2017年，上海市教育委员会发布《关于加强中小学生涯教育的指导意见》，对生涯教育的目标、内容、途径等提出了明确要求，率先推动中小学生涯教育的全覆盖，建立生涯教育保障制度。小学阶段的生涯教育侧重生涯启蒙，初中阶段的生涯教育侧重生涯探索，高中阶段的生涯教育侧重生涯规划，螺旋式增进学生的自我认识，增强学生的社会意识和社会参与能力，培养学生的学业和职业规划能力，提高学生的生涯决策和管理能力。2019年6月，《国务院办公厅关于新时代推进普通高中育人方式改革的指导意见》明确提出，要加强对学生理想、心理、学习、生活、生

---

① 徐爱新，安月辉，于伟娜.解析日本的职业生涯教育［J］.教育与职业，2011（18）：81—83.
② 孙宏艳.国外中小学职业生涯规划教育：经验与启示［J］.中小学管理，2013（8）：43—46.

涯规划等方面指导，帮助学生树立正确理想信念、正确认识自我，更好适应高中学习生活，处理好个人兴趣特长与国家和社会需要的关系，提高选修课程、选考科目、报考专业和未来发展方向的自主选择能力。从学生发展指导制度建立的政策表述上看，2010 年的《国家中长期教育改革和发展规划纲要（2010—2020 年）》只有一句话，即"要建立学生发展指导制度，加强对学生的理想、心理和学业等多方面的指导。"到 2019 年，《国务院办公厅关于新时代推进普通高中育人方式改革的指导意见》，用了整整两大段文字来阐述"加强学生发展指导"。这种发展变化至少可以说明，我国越来越重视学生发展指导，把建立学生发展指导制度作为一项政策要求，这既有对学生发展需要的考虑，也是解决当前教育发展问题的尝试。这里的学生发展指导，一个很重要的方面就是生涯指导，虽然关于学生发展指导的问题在高中可能表现得比较明显，也比较紧迫，但从人的发展需要的角度，对学生的指导应该伴随学生成长的全过程，正如有学者指出的那样，生涯教育个体的职业发展是一个长期、连续的过程，职业生涯教育不是某一阶段的特定事件，而要贯穿个体的整个成长过程。[①] 从这个意义上讲，生涯教育必然包括生涯启蒙教育，生涯启蒙教育也必然成为生涯教育的重要内容。

（二）生涯启蒙教育的提出与发展

讨论生涯启蒙教育，一个基本的视角是人的发展是一个过程，有成熟期，必然有启蒙期，有启蒙期，必然有启蒙教育，而生涯教育伴随人的一生，也就意味着生涯启蒙教育必然成为人在发展初期的重要教育形

---

① 张沂琳.新技术时代学校职业生涯教育的因应策略研究［J］.职教通讯，2021（6）：32—36.

态，也是人的发展进入职业期之前的重要基础。从职业教育的角度讲，一个人对职业的理解，对某种特定职业的认知、职业的选择、职业的适应，以及在职业生涯过程中所形成的基本道德判断，都是一个过程，而且在这种过程中所形成的关于职业的所有认知、体验、行为，都不是一蹴而就的，而是需要长期的教育过程，这也必然需要职业启蒙教育。关于职业启蒙教育的探索可以追溯到 20 世纪初，我国教育家黄炎培曾提出涵盖整个职业生涯和全部教育过程的职业教育思想体系，即建立起职业陶冶、职业指导、职业训练以及职业补习体系，贯穿小学、初中、高中乃至就业后的整个教育过程。其中，他所主张的小学职业陶冶即职业启蒙教育。黄炎培先生的职业教育思想是博大精深的，到现在也是很有指导意义的。单就他提出的职业启蒙教育而言，至少可以说明两点：一是职业教育是一个系统，或者说是一个体系，而这个体系中不能没有职业启蒙教育，职业启蒙教育是职业教育的早期阶段；二是职业启蒙教育主要是在小学阶段完成的，或者说，小学阶段的职业教育主要是职业启蒙教育。关于职业启蒙教育主要指的是哪个学段，不同的学者可能有不同的观点，但基本的共识是，小学阶段一定属于职业启蒙阶段。

在国外，有关职业启蒙教育的思想起源于德国教育家凯兴斯泰纳（Kerschen-steiner，Georg）在 20 世纪初期提出的"劳作学校"思想。劳作学校又名性格陶冶学校，其办学目的是为学生提供一种职业教育的"预备教育"，也即职业启蒙教育。[①] 其实，凯兴斯泰纳提出的"劳作学校"和公民教育是密不可分的，他在 1901 年公开发表《德国青年公民教育》一文，对如何将德国国民学校改制为劳作学校为德国社会服务进

---

① 赵蒙成，王鲁艺.职业启蒙教育研究的历史追溯与策略建议［J］.教育与职业，2018（13）：26—32.

行理论阐述。劳作学校的培养目标就是合格公民，而合格公民一定是具有某种职业能力，愿意为自己所从事的职业付出的人，这一目标需要劳作学校来完成。实际上，不管是国内还是国外，不同的研究者对职业启蒙教育的内涵可能有不同的观点，但都承认对学生进行职业启蒙教育的重要性，也都认可在学生早期入学阶段进行职业启蒙教育的重要性，而且把职业启蒙教育作为未来职业发展的重要早期阶段。

　　讨论生涯启蒙教育，很多时候是从对生涯教育阶段的划分开始的。1953 年，美国职业生涯规划教育大师舒伯从终身教育的视角出发，认为人的职业生涯发展分为五个阶段，从成长、试探、建立阶段过渡到维持与衰退阶段。个人的兴趣爱好、目标追求在不同阶段有所变化。其中，"成长"阶段即职业启蒙教育阶段。[①] 如果我们展开来分析，就会发现，舒伯把人生分为五个阶段，这五个阶段分别是生长期（0—14 岁）、探索期（15—24 岁）、建立期（25—44 岁）、维持期（45—64 岁）、衰退期（65 岁以后），从这五个阶段来看，生涯教育伴随人的一生，从出生到死亡，从摇篮到坟墓都是生涯教育所要考虑的，这种思想其实就是终身教育的思想，但实际上，20 世纪 50 年代，终身教育的理念还没有提出，这从另一方面也可以说明舒伯的生涯教育思想具有很强的前瞻性。按照舒伯的划分，生长期（0—14 岁）实际上就是生涯启蒙教育阶段，这个阶段大部分学生是小学及学龄前，虽然有部分的初中阶段，但小学及学龄前阶段是主体。

　　当然，人们对于生涯启蒙教育所处的阶段，也有不同的观点。美国生涯指导专家、生涯发展理论的先驱金斯伯格（Eli Ginzberg）认为，

---

① 赵蒙成，王鲁艺.职业启蒙教育研究的历史追溯与策略建议［J］.教育与职业，2018（13）：26—32.

11—17 岁是个体生涯发展的尝试期，依次经历了由兴趣、能力、价值观起主导作用的时期，是生涯发展重要而关键的阶段。这里的生涯发展的尝试期，实际上就是生涯启蒙阶段，只不过从时间上看，生涯启蒙教育的时间稍长一些，基本是在高中及以前的教育，涵盖了大部分的基础教育阶段。之所以如此划分，一个很重要的原因是，17 岁之前是个体形成世界观、人生观，甚至是职业观的关键阶段。这一方面说明，生涯启蒙教育在一个人职业发展中的重要作用，另一方面也说明，基础教育阶段，特别是小学教育阶段是生涯启蒙教育的黄金阶段，错过了这个阶段，学生对职业的正确认知、职业选择能力等都会出现很大的问题，甚至是不可弥补的问题。我国研究者也有类似的观点，认为职业启蒙教育是一种职业预备教育，从儿童 6 岁时，即小学一年级就应开始进行职业启蒙教育，一直持续到高中毕业的 18 岁，并将职业启蒙教育分为初级、中级和高级三个阶段，分别对应小学、初中和高中阶段教育。[1]20 世纪 80 年代，美国国会通过立法专门成立了"国家职业信息协调委员会"（NOICC）并发布了《国家生涯发展指导方针》，规定小学阶段为"职业了解阶段（career awareness）"、初中阶段为"职业探索阶段（career exploration）"、高中阶段为"职业准备阶段（career preparation）"。[2]

关于生涯启蒙教育的内涵，不同的研究者有不同的观点。有学者将职业启蒙教育的内涵总结为："以青少年儿童为实施对象，以他们的成长环境为载体，以培养他们职业思维能力为目标，以识别职业特征、判断职业类型、习得职业技能、树立职业道德、规划职业道路为基本内容

---

[1] 刘涛，陈鹏. 中外职业启蒙教育的理论与实践述评［J］. 职教论坛，2015（12）：39—42.
[2] 张健. 中外职业启蒙教育研究和发展评述［J］. 职教通讯，2018（21）：65—74.

的智力改造。"①还有学者认为："职业启蒙教育是在中小学阶段开展的一种引导性的职业生涯教育，是普适性和非专业定向的基础性职业教育，以帮助儿童初步形成自我意识和职业意识，提升儿童的综合素质为目的，为儿童职业生涯发展打下基础。"②日本有学者提出，职业启蒙教育是通过让低年级学生了解常识性的职业知识，使其懂得在社会中人类如何生存，同时促使他们思考自己可能的发展方向。③

　　这几个概念在内涵表述上虽然各有差异，但都体现了以下几个特点。一是生涯启蒙教育是生涯教育的基础阶段，或者说早期阶段，是为一个人的职业生涯奠定基础的阶段，生涯启蒙教育重在"启蒙"，启职业之蒙，这是一种基础性的职业教育，具有普适性、非定向性和基础性等特征。二是生涯启蒙教育的对象是全体学生，虽然这里的学生群体可能不限于小学生，但生涯启蒙教育的对象具有全体性特征，每一个学生都要接受生涯启蒙教育，而不限于职业学校的学生，生涯启蒙教育是不同类型教育的共同内容，当然，对象的全体性与教育的个性化是不矛盾的，对全体学生进行生涯启蒙教育与对不同的学生进行有差异的生涯启蒙教育二者是相统一的。三是生涯启蒙教育虽然是一种基础性、普适性教育，但有特定的指向，那就是指向一个人的生涯发展或者说是职业发展，从这个意义上讲，生涯启蒙教育有其特定的内容，不是什么样的教育都可以称之为生涯启蒙教育，也不是什么样的内容都可以成为生涯启蒙教育的内容。四是生涯启蒙教育具有很强的融合性。虽然生涯启蒙教育是一种指向职业发展或者生涯发展的教育，其教育内容具有一定的限

① 刘晓，黄卓君.青少年儿童职业启蒙教育：内涵、内容与实施策略［J］.中国职业技术教育，2016（23）：32—37.
② 李蕾，陈鹏.发达国家职业启蒙教育的经验与启示［J］.职教论坛，2017（21）：90—96.
③ 赵蒙成，王鲁艺.职业启蒙教育研究的历史追溯与策略建议［J］.教育与职业，2018（13）：26—32.

度，但无论从基础教育的特点来看，还是从生涯启蒙教育的基础性特征来看，生涯启蒙教育都是融入整个学校教育的大系统中的，这也就启示我们，生涯教育的实施路径不限于专门的生涯教育课，在其他学科教学、校园环境建设、主题教育活动、社会实践、家校共育等方面，都可以融入生涯启蒙教育的内容。生涯启蒙教育要走出校园，走向社会，甚至要融入社会。比如在美国，小学阶段的生涯教育开端是让学生了解家长的工作场所，如工厂、学校和医院等，通过参观、邀请社会人士讲解等方式，逐步了解更全面的工作世界。① 从这个意义上讲，生涯启蒙教育在某种程度上是普通教育与职业教育的结合，既具有普通教育的通识性特征，也具有职业教育的职业性特征。当然，无论是把普通教育与职业教育看作两种不同类型的教育，还是强调普通教育与职业教育的融合，生涯启蒙教育都具有综合性、融合性的特征。

在发达国家，作为生涯教育基础阶段的职业启蒙教育很早就受到了重视。美国早在20世纪70年代就开始推行生涯教育，美国国会1974年通过的《生计教育法》是其历史上第一个体现职业启蒙思想的生涯教育法案。20世纪80年代，美国联邦政府成立国家职业信息协调委员会（NOICC），并出台一系列方针，指出小学阶段要进行"职业了解"，使儿童通过参与和职业相关的娱乐游戏活动对工作世界形成初步认识。1989年颁布的《国家职业发展指导方针》更是将小学阶段的职业启蒙教育提升到更加重要的位置。日本于2006年推出了"职业生涯教育综合计划"，在小学至高中阶段进行职业体验和实习活动。另外，日本在中小学开展"特别活动课"，使学生初步认知职业，进而了解企业开展

---

① 孙淑敏.小学生生涯发展理论研究与教育实践的新进展［D］.长春：东北师范大学，2013.

的实况，为学生探索职业规划提供帮助。英国政府在 2009 年推出一项职业指导计划，规定职业生涯教育最迟在中学二年级开始实施。[①] 由此可见，发达国家的职业启蒙教育已经经历了较长的发展过程，无论是理念设计、制度建设，还是实践推进，都已经积累了非常丰富的成果和经验。他们的实践经验以及在实践中形成的成果对我国开展职业启蒙教育具有启示意义。

相对而言，国内的生涯启蒙教育从研究来看，呈现出以下几个特点：第一，职业启蒙教育相关文章总体不多，还没有成为研究热点而受到重视和关注；第二，相关研究较为零散，缺乏系统性，没有形成结构良好的问题域；第三，有关研究缺少高水平、成体系的成果，整体发文档次、水平不高；第四，译介类、政策解读类以及初步的理论探讨类文章居多，缺少扎根于实践的实证研究、个案研究以及深入的、有创新性的理论研究。[②] 当然，随着近些年对生涯启蒙教育的重视，这种现状已经有所改善。2017 年，教育部职业教育与成人教育司印发《职业教育与继续教育 2017 年工作要点》，指出要"探索推进职业启蒙教育"；2022 年 4 月，全国人大通过的《中华人民共和国职业教育法（修订草案）》明确提出："打通职业学校教育发展通道，向下融入义务教育，加强职业启蒙教育，加强普教和职教的融通。"可见职业启蒙教育作为职业生涯发展的初级阶段已经在政策层面，甚至法律层面引起了一定的重视。小学阶段是学生人生观、价值观和职业观形成的启蒙期，也是其自我认知和自我规划能力培养的生涯觉察期，他们对自己的未来人生充满各种梦想。2015 年 6 月，习近平总书记在中国少年先锋队第七

---

① 赵蒙成，王鲁艺.职业启蒙教育研究的历史追溯与策略建议［J］.教育与职业，2018（13）：26—32.
② 赵蒙成，王鲁艺.职业启蒙教育研究的历史追溯与策略建议［J］.教育与职业，2018（13）：26—32.

次全国代表大会上指出，童年是人的一生中最宝贵的时期，在这个时期就应注意树立正确的人生目标，培养好思想、好品行、好习惯。换言之，生涯启蒙教育应该从娃娃抓起，应该从小让孩子们知道人生的意义、职业的意义，让孩子在对职业的了解中规划好自己的发展方向，并努力为自己的理想而努力。因此，在新时代背景下，在小学开展生涯启蒙教育显得尤为重要。加强小学生涯教育，对引导学生将自己的未来梦想与职业和现在的学习与生活相结合、增强学习的自觉性和主动性、过"负责任"的校园生活有着非常重要的意义。①

● 二、生涯启蒙教育发展的启示

通过对生涯启蒙教育历史发展的梳理与分析，结合对生涯启蒙教育内涵的理解，我们可以得到很多启示。

（一）社会职业发展需要是生涯启蒙教育出现的重要原因

作为一种指向职业发展的教育样态，专门的生涯教育也好，生涯启蒙教育也好，都不是随着教育出现而出现的，而是随着教育发展到一定阶段，特别是职业分工越来越精细化之后提出的新要求。要理解这一点，需要从理论上讨论教育与社会发展的关系。一般来讲，教育与社会发展是一种相互的关系，教育发展受到社会发展的制约，但同时，教育发展也促进社会的发展。当我们讨论社会发展对教育的影响时，我们首先要讨论的是社会发展，特别是社会生产力的发展对教育的制约。人类社会发展的根本动力是生产力的发展，正如马克思主义所言，生产力决

---

① 王秋芳.小学生涯教育应发挥"四个效应"［J］.教学与管理：小学版，2020（10）：10—12.

定生产关系，经济基础决定上层建筑。从这个意义上讲，教育的目标、教育的内容、教育的途径等都受到生产力发展的影响。

从教育的目标上看，教育培养什么样的人取决于生产力发展的水平和规模，与传统的手工作坊相比，机器大工业在培养人的规格和质量方面要求更高，对一个人的整体素质要求更高。从教育内容上看，不同时代的教育内容差异很大，如果教育发展在内容的更新速度上跟不上社会对教育的要求，教育培养的人才就无法适应社会的需要，正是基于这一点，生涯启蒙教育才成为教育内容的重要组成部分。社会发展的一个显著特征就是职业越来越多，社会分工越来越精细，职业成长的过程越来越复杂。一个人在接受专门的学校教育之后再开始了解职业、选择职业、适应职业已经越来越变得不现实，这时候，关于职业发展方面的教育内容就要进入学校教育的课程体系之中，这些课程内容随着学段的差异有不同侧重，但都指向一个人未来的职业生涯。从这个意义上讲，生涯启蒙教育对于一个人的发展至关重要，这里的发展当然不限于职业的发展，然而单从职业发展这一方面而言，生涯启蒙教育更是必不可少的。生涯启蒙教育联通了学校与社会，联通了个人成长与职业发展，联通了个人生活与职业生活，是教育指向一个人的未来发展和终身发展的重要途径，也是教育适应社会发展的重要体现。就教育途径而言，越是强调教育的社会属性，越是注重教育与社会的联系，教育途径的要求就越多元，特别是生涯教育成为教育的重要组成部分之后，生涯教育的社会性、职业性特征就要求学校教育走出校门，走向社会，把社会的要求融入学校教育的整体设计之中，以此来培养适合社会发展、职业要求的合格毕业生。当然，生涯教育对社会发展也具有重要的作用。正是有了包括生涯启蒙教育在内的生涯教育的实施，学生才能在步入社会之前就对人生发展、职业发展、职业认知、职业内容、职业道德等职业相关的内容有了较为系统的了解，在学校教育阶段就已经习得了相关的职业技能，为未来发展进行了一定的规划和设计，以适应社会发展和职业需要对人的能力的基本要求。

（二）生涯启蒙教育是生涯教育不可或缺的重要组成部分

正如前文所述，生涯教育是分阶段的，这不仅是因为学校教育是分阶段实施的，更为重要的是生涯教育是一个庞大的系统，从教育目标的确定、教育内容的选择等教育过程的各个环节，到最后的教育评价，每一个环节都非常重要，也非常复杂，单靠某一个阶段的教育是不可能实现的。而且，学生对职业的认知是一个过程，这个过程伴随学生成长的整个过程，因此，生涯教育必然包含从启蒙、到成长、到发展再到成熟的整个过程，其中，生涯启蒙教育作为生涯教育的早期阶段，不仅不可或缺，而且非常关键。

一方面，从人的发展的角度而言，人的发展是一个过程，而人的早期发展至关重要。无论是教育学还是心理学的研究都表明，儿童的早期发展对一个人的一生是非常重要的。奥地利心理学家阿尔弗雷德·阿德勒说过，"幸运的人一生都被童年治愈，不幸的人一生都在治愈童年"。这一句经典名言，揭示了一个非常重要的道理，那就是童年在一个人的一生中扮演着非常重要的角色。"幸运的人一生都被童年治愈"指的是，一个人拥有幸福的童年是幸运的，因为幸福的童年可以让你形成健全的人格，获得愉悦的情感体验，拥有良好的人际关系，让你对未来充满希望。而正是因为童年所获得的这种宝贵的经历，所形成的这种良好的人格和心理素质，所树立的正确的价值观，让你在未来的人生道路上以平和的心态面对挑战，让童年的幸福经历给你的发展带来满满的能量。而反过来，"不幸的人一生都在治愈童年"恰恰是说，童年的不幸是会影响人的一生的，而且这种影响有的时候还起决定性作用。弗洛伊德的精神分析理论里一个非常重要的观点就是，成人的很多观念和行为都是在童年期形成的，这些早期形成的观念会以"潜意识"存在，这种"潜意识"虽然看不见、摸不着，但并不会消失不见，而是会以某种方式影响一个人的观念和行为，甚至会直接决定一个人做出某种行为。

另一方面，生涯教育作为一种特定的教育样态，本身也是分阶段的。生涯启蒙教育作为生涯教育的基础阶段，肩负的主要使命就是"启蒙"，就是让学生知道职业的分类，知道每种职业的特点，知道不同职业对一个人提出的不同要求，知道从事某种职业所必须遵守的职业道德。所有这些，都是一个过程，都需要把生涯教育看作一个连续不断的发展过程，生涯启蒙教育正是这一过程中的重要一环。实际上，生涯启蒙教育之所以是生涯教育的重要组成部分，还因为教育，包括生涯教育都必须要遵循儿童的身心发展规律，符合儿童的年龄特点。对于比较小的儿童，比如幼儿园、小学阶段的学生而言，所有的教育都应该是从启蒙开始的，而不限于生涯教育，用"启蒙"二字，恰恰反映了生涯教育适应儿童身心发展规律，尊重儿童成长需要。

（三）小学教育阶段是生涯启蒙教育不可错过的重要阶段

无论对于整个生涯教育而言，还是对于人的生涯发展而言，生涯启蒙教育都是至关重要的。但是，从现有的研究成果来看，生涯启蒙教育所对应的学段是有差异的，有的研究者认为，生涯启蒙教育主要的阶段就是小学阶段；有的研究者认为，初中及以下阶段是生涯启蒙教育的实施阶段；还有研究者认为，整个基础教育阶段都应该以生涯启蒙教育为主。虽然生涯启蒙教育所适用的学段有差异，但有一个基本的共识是，小学阶段是生涯启蒙教育的重要阶段，这是毋庸置疑的。

　　在幼儿园阶段，学生通过角色扮演、游戏等方式形成了对职业的懵懂的认知，在关注爸爸妈妈和其他学生父母职业的基础上，开始认识每种职业的特点，开始慢慢形成对职业的好奇心。小学阶段，学生的自主性明显增强，个人经验的习得范围也越来越大，更为关键的是，学生的认知能力、对世界的探究欲，对新鲜事物的好奇心都明显增强，这个阶段是学生职业生涯的启蒙期，这个启蒙期具有很强的探索性。这个时期的学生通过学习、游戏、媒体影响、观察家人、社会交往等方式，开始发展自我观念，逐步形成自我认知，渐渐了解一个人的能力对未来职业的重要性；开始认识工作的意义，包括工作对个人谋生的意义、对社会发展的意义。对工作意义的认识，特别是对社会意义的认识有一个过程，也存在差异，但不可否认的是，小学生已经把自身的学习与某种特定的职业发展建立了一种隐约的、不确定的联系。

　　而对于生涯教育而言，一定要抓住小学生在职业认知上的这一特点，不要忽视，这是一个非常重要而且不可逆转的重要阶段，从某种程度上讲，甚至是一个人生涯发展的关键阶段。这个阶段要让小学生能尽早地认识自我、认识职业、认识教育与职业的关系，能从小培养自己的兴趣爱好，并有意识地把自己的兴趣爱好与未来职业建立初步的联系，能根据自己感兴趣的职业目标，从知识、技能和综合素质等方面锻炼自己，为提升自身的职业竞争力奠定良好的基础。其实，在混沌学中有一个著名的概念叫"蝴蝶效应"，"蝴蝶效应"揭示了在可变因素众多的复杂的动力系统中初值条件的敏感性，即初值条件的微小差异，可能导致整个系统出现意想不到的结果。①"蝴蝶效应"说明在复杂的混沌系统中，事物后期发展的结果在很大程度上取决于前期的初值条件。也就是说，在常人看来初期的一个不起眼的因子，会在系统的非线性反馈中不断地放大或缩小，最终会导致令人难以控制的巨变。依据"蝴蝶效应"，对小学生要及早实施生涯启蒙教育，为其人生发展奠定坚实的素养基础，要正确指导学生了解人生发展与学习、劳动和职业之间的关系，使其逐渐形成初步的职业向往，逐步养成自主发展和社会参与的精神；还要引领学生树立崇高的人生追求，使其真正学会求知、学会做人、学会做事和学会生存，为其未来的人生发展奠定坚实的基础。②

（四）生涯启蒙教育需要建立家校社协同共育落实机制

从人一生的经历来看，在早期人主要是在家庭生活中度过的，然后经历一个专门的系统接受教育的阶段，然后步入社会，从事某种职业，建立家庭，从事一定的社会交往活动。当然，这个过程比较漫长，同时也保持着与原生家庭生活的各种联系。按照终身教育的理念，人的一生都是接受教育的过程，人的一生都是学习的过程，家庭、学校、社会都是教育的场域，都对人的发展产生重要的影响。很多时候，学校教育对人的影响大一些，但有的时候家庭教育的影响大一些，有的时候社会对人的影响大一些。从这个意义上讲，教育从来不是只有学校教育，教育从来都是学校教育、家庭教育和社会教育的统一体。但是，自从专门的学校教育出现以来，学校教育因其有计划、有目的、有组织地对人进

---

① 王献玲."蝴蝶效应"与小学生职业生涯发展教育［J］.天津师范大学学报：基础教育版，2018（1）：5—8.
② 王献玲."蝴蝶效应"与小学生职业生涯发展教育［J］.天津师范大学学报：基础教育版，2018（1）：5—8.

行系统的教育，其对一个人的影响越来越大，以至于大多数时候，我们甚至认为教育就是学校教育，一个人的成长主要是学校教育的结果。但是，无论如何强调学校教育的作用、发挥学校教育的主导功能、体现学校教育的育人成效，家庭教育、社会教育都在无形中发挥着它的作用，孩子的成长也在不断受到家庭和社会教育的影响，当然，这种影响可能是正向的，也可能是负向的。从学校教育功能发挥的角度上讲，学校教育虽然发挥着重要的作用，但学校教育对一个人的影响是有限的，特别是在儿童早期阶段。实际上，学校教育也有育人的边界，即使在学校教育如此强大的今天，学校教育不能包办或者替代家庭教育、社会教育。苏霍姆林斯基在《给教师的建议》中专门提到，父母、亲属是儿童最早的教育者，正是在学龄前的几年间，也就是在儿童接受教师的影响开始以前很久，他们就在儿童的身上种下了人的一些基本特征的种子。儿童个性中的精神财富，还有教育家们称之为对知识的渴望、好奇心、探求精神、思维的敏捷性之类的东西，这些都在很大程度上取决于儿童从两岁到六七岁时所处的环境如何。从这个意义上讲，无论是什么样的教育内容，都需要通过家庭、学校、社会三方面的协同教育才会起作用。

对于生涯启蒙教育而言，更需要家校社协同共育，这是因为，一方面，无论是生涯发展还是职业发展，都是面向社会的发展，学校教育可以帮助一个人更好地发展，这种发展一定是超越学校本身的发展，一定是需要联合家庭和社会的发展；另一方面，对于生涯教育而言，家庭教育和社会教育可以发挥更大的作用，孩子在家庭生活中所感受到的家人的职业特点，以及通过一定的职业所形成的社会关系对孩子的职业认知是非常重要的；孩子在社会生活中所看到的不同职业的特点、不同职业的工作方式、不同职业的社会意义，这种直接的职业感知是学校教育所缺少的。也正是因为如此，相比较其他的教育内容，生涯启蒙教育更需要家校社的协同共育，这是遵循教育规律的体现，也是由生涯教育的特点所决定的。

■ 第二节　生涯启蒙教育的价值与问题探析

上文已述，生涯启蒙教育作为生涯教育的基础阶段，对于培养学生的生涯意识、形成职业认知、感受职业幸福等都具有非常重要的意义。然而，生涯启蒙教育也存在一些现实的困境。对生涯启蒙教育的价值探讨和问题分析，可以让我们更深入地理解生涯启蒙教育在学校的实施。

◆一、生涯启蒙教育的价值探寻

对于教育而言，无论再怎么追求人的个性化，再怎么强调人的个性化，都不可忽视教育的另一个功能，那就是人的社会化。可以说，教育的个性化和社会化犹如天平的两端，缺少任何一个都会使天平失去平衡，教育的生态就会被打破。而当我们讨论教育的社会性时，实际上就是讨论教育所培养的人如何适应社会的发展，如何为社会发展服务。无论是对个人、对社会还是对国家，包括对教育本身，生涯启蒙教育都有重要的意义。

（一）生涯启蒙教育对促进个人发展具有重要价值

人是一种社会性的存在，这种社会性的存在必然与社会职业建立一定的联系，因为人在很大程度上是通过某种社会职业建立一定的人际关系，也是通过职业发展维持某种社会关系，而这种社会关系的质量很大程度上取决于人的职业能力和职业道德，这些都与生涯教育，特别是生涯启蒙教育密切相关。有学者对职业启蒙教育的个人价值做了较为全面的阐述："职业启蒙教育是一种多元教育，通过培养学生职业理解和自我认知能力，形成正确的劳动观、职业观、成长观，实现个性化发展，并对其未来正确的、自由的职业选择有所帮助。"① 也就是说，生涯启蒙教育不仅有助于个体形成正确的职业观、养成良好的职业道德，同时可满足个人成长需求，提升自我认知水平，促进学生的个性发展。但是，生涯启蒙教育不是简单指向一个人的未来职业发展，实际上是为一个人的终身发展奠基的。通过培养学生的职业理解和自我认知能力，可以让学生更好地认识自己，认识自己与社会的关系，认识自己与职业的关系，特别是认识自己的优势和不足，知道如何发挥自身的特长，并将自身的优势转化为一种职业发展的优势。在笔者看来，生涯启蒙教育的重心，除了认识职业的特点，学习各种职业知识，甚至形成某种职业技能之外，更重要的是形成一种对职业与社会发展关系的认识，形成一种人的发展与职业发展关系的认识，形成一种劳动对职业发展的意义的认识，也就是形成一种正确的职业观、人生观。说到底，生涯教育的本质就是教人如何更好地规划自己的人生。

苏霍姆林斯基曾经说过："只有在孩子领悟自己的努力具有创造作用，领悟劳动具有重大的社会意义之后，才能培养他对劳动的真正热爱。"这个观点的重要启示是，人所从事的劳动，或者具体到人所从事的某种职业，本身就是具有社会意义的，但人对职业的认知，是否是从这个角度考虑的，就不得而知了，生涯启蒙教育的重点恰恰就是要让学生理解某种职业的社会价值，让学生形成正确的劳动观、职业观、成长

---

① 赵蒙成.自由：建设现代职业教育体系的一项核心价值追求［J］.职业教育研究，2017（10）：1.

观，因为学生对职业的社会意义的认识在本质上决定了学生是否真的热爱这个职业。所以，生涯启蒙教育对学生个体的重要价值，主要是对其人生观念、职业观念、劳动观念的一种正确引导，这种引导可以让一个人终身受益。从一个人终身发展的角度而言，生涯启蒙教育奠定一个人终身发展所需要的最为宝贵的对人生的认知、对职业的认知、对劳动的认知。这里要特别强调的是，这种认知不是生涯启蒙教育单方面给予一个人的，而且是个人成长的自身需求。按照马斯洛的需要层次理论，人除了要满足低级需要之外，也要满足自我实现需要等高级需要，而人对自身、自身与职业、自身与劳动的认知恰恰是满足自我实现需要的重要基础。从这个意义上讲，生涯启蒙教育对个体发展的意义可能是显性的，也可能是隐性的，有的时候潜在的、隐形的意义可能更大。舒伯提出，0—14岁是生涯发展的成长阶段，这个阶段的学生开始发展自我概念，开始尝试以各种不同的方式来表达自己的想法与需求，而小学阶段是学生开始走向自我成熟的阶段，因此在小学阶段帮助学生建立自我概念，让学生从多种途径感受自我、了解自己很有必要。小学生的自我意识正在随年龄增长从低水平向高水平发展，整个小学阶段，小学生的自我意识不断发展，因此，小学阶段开展生涯启蒙教育可以很好地唤醒学生的自我意识，这就是一种隐形的价值。

（二）生涯启蒙教育对促进社会发展具有重要价值

社会发展是一个庞大的工程，是各个系统相互支持、相互配合、相互作用的结果。而各个系统的良性运作，实际上都是靠分工明确而又相互协作的各种职业以及由各种职业所构成的关系网发挥作用的。从某种程度上讲，单个的职业岗位构成了社会运作的基本单元，这些支撑社会运作的基本单元是否能够发挥有效的作用，很大程度上受到生涯启蒙教育的影响。从社会发展的角度来看，生涯启蒙教育是社会发展的需要。社会发展体现在职业上的特征，一个是职业越来越多，分工越来越细，需要对不同职业的特点有清楚的了解；另一个是对职业岗位的要求越来越高，不接受一定的生涯教育，包括生涯启蒙教育，就不能适应不断出现的新的职业岗位的要求。生涯启蒙教育可以让学生认识不同的职业，认识不同的职业发展对一个人综合素质提出的要求。从劳动力市场的角度来看，当前的劳动力市场上一个非常重要的问题就是劳动力失衡问题，也就是人与职业的匹配问题。在传统的教育中，我们自然认为教育出来的学生就能适应各种职业，但在信息时代，这种观点不仅过时，甚至还是有害的。如果我们教育培养的学生不能适应社会上职业发展的需求，从某种程度上讲，我们的教育就是失败的。在应试教育影响下，我们的学生把更多的时间和精力都放在了考试和分数上，他们对职业的认知不仅粗浅，有的时候甚至是错误的。初中生、高中生乃至大学生都不能合理认识和选择专业，不知道自己所学的专业的社会意义，不知道自己所学的知识能为这个社会做些什么，以至于有部分学生甚至对自己所学的专业产生排斥心理，这种把自身专业工具化、功利化、个人化的想法，不仅影响个人职业生涯的发展，同时降低学校人才资源的社会利用率，从而导致岗位和人才培养不匹配的现象出现。

从时代特征的角度来看，生涯启蒙教育有助于学生适应多变的社会就业环境。就业是第一大民生，而生涯启蒙教育在促进就业方面发挥了重要的作用。在传统社会中，社会职业岗位相对稳定，每一类型的职业岗位的工作内容相对固定，对一个人的职业要求也相对变化不大。但现代社会，特别是信息社会的到来，使得这个社会职业发展变化很大，职业要求明显增加，就业岗位变化不定，就业环境非常不稳定。这个时候，就需要充分发挥生涯启蒙教育的作用。但是，面对这样一个不确定的、不稳定的、不断变化的社会发展和职业发展形势，很多人在提到生涯启蒙教育的时候，往往会认为职业启蒙教育就是让学生了解职业，以便更好地选择将来的专业方向。这当然是需要的，也是重要的，但生涯启蒙教育的价值远远不止于此。生涯启蒙教育是一种基础性、普适性、全面性的教育，其重点是让学生通过对各种职业的了解，特别是对职业变化的认识，通过参与各种职业体验活动，感受社会变化的脉搏，更好地认识到这是一个不断变化的社会，认识到科技对社会的影响，认识到自身所学与社会变化所需之间的差距，让学生在快速变革的时代形成一种正确的人生观、职业观，甚至是对社会发展变化的时代观，只有这样，生涯启蒙教育才有生命力，才有时代感，也更有价值性，这是时代发展赋予生涯启蒙教育新的要求，也是生涯启蒙教育不断发展的必然选择。

（三）生涯启蒙教育对促进学校教育发展具有重要价值

学校教育是专门培养人的社会实践活动，这一实践活动从教育的构成要素上讲，至少包括教育目的、教育内容、教育方式、教育评价等方面，生涯启蒙教育在这些方面都有很重要的价值。

从教育目的上看，教育主要解决的是培养什么样的人的问题，这是对人的培养规格的规定，从大的方面来看，教育要培养的人，是适应社会发展的人，是能通过从事某种职业为社会做贡献的人，这体现在教育目的和培养目标上，就是不仅要关注个体发展的需要，也要关注社会发展的需要。在教育史上对于教育目的存在两种不同的观点，一种是个体本位论，一种是社会本位论，这两种观点一直争论不休，但实际上，好的教育目的一定是个体价值和社会价值的统一。生涯启蒙教育正是强调要很好地把个人的价值和社会价值结合起来。

　　从教育内容上看，生涯启蒙教育是对教育内容的丰富。一般来讲，什么样的教育内容是适合的，很大程度上取决于教育要培养的人的质量规格，因为内容本身是为目的服务的。当把生涯启蒙、职业发展的相关内容作为学校课程的重要组成部分，这本身就说明，生涯启蒙教育作为一种重要的教育内容对教育目的的实现是有很大作用的。关于课程内容的问题，历史上有很多重要的观点，其中斯宾塞提出的"什么知识最有价值"的问题，成为讨论课程内容的重要维度。实际上，"什么知识最有价值"的命题，本质上是讨论不同时代背景下教育的内容选择问题。换句话说，不同背景下，教育的内容是有很大差异的，这固然和知识生产本身的多寡有关，但更重要的是与社会发展的需要有关。生涯启蒙相关内容成为教育内容和课程体系的重要组成部分，正是这个多变的时代对教育提出的新的挑战，而生涯启蒙教育正是应对这一挑战的重要举措。生涯启蒙教育丰富了教育的内容，本质上是教育回应社会发展变化、职业发展变化的必然选择。

　　从教育方式上看，生涯启蒙教育拓展了教育方式的多样性，引导教育走向开放、走向社会、走向实践，更好实现教育与社会的融合发展。生涯启蒙教育是一种指向社会的教育、需要社会参与的教育、最终促进社会发展的教育，是一种与社会发展、职业发展、人生发展高度关联、高度融合的教育。在教育方式上的体现就是，教育不仅要在"书中学"，也要在"做中学"，不仅要学习书本知识，也要习得社会经验，不仅要在学校里学，也要走出校园，走向社会，去学习社会这本"无字之书"。

从人的学习方式上看，学习主要有两种，一种是在"书中学"，获得间接经验，一种是在"做中学"，获得直接经验，对于一个人而言，直接经验和间接经验都非常重要，直接经验甚至是学生获得间接经验的基础和前提。很多时候，我们的学校教育，更多的是通过在"书中学"让学生获得一种间接经验，这固然重要，但学生获得的所谓经验不是一堆冰冷的知识，而是一种社会温度、一种人情世故、一种社会责任，这就需要学习者走出书斋，走向社会，以在"做中学"的方式弥补在"书中学"的不足，而生涯启蒙教育恰恰是这二者的融合，搭建了学校教育与社会教育的桥梁，起到了纽带的作用。生涯启蒙教育时刻提醒我们，学校教育不要故步自封，要开放包容，不要画地为牢，要知行合一。

从教育评价上看，什么样的学生是合格的学生，这是教育要不断追问的，道德品质高、身体素质好当然是必须的，但还有一个重要的指标，即是不是培养出了能够适应社会发展需要的学生，这是评价教育效果的重要指标，也是不可或缺的指标。现在有一种批评的声音，认为我们的教育培养出来的学生没有人生规划，不会选择职业，很难适应职业，甚至也缺乏职业精神，这是一种对人的社会适应性、职业适应性的评价，而生涯启蒙教育正是为了解决这一问题而出现的，生涯启蒙教育要求我们的教育在评价一个学生的时候，把社会适应性作为重要指标。总之，生涯启蒙教育对于促进教育发展而言，具有非常重要的价值。有学者指出，生涯启蒙教育有助于学校课程的改革和现代职业教育体系的构建等。① 这正是生涯启蒙教育对教育发展促进作

---

① 赵蒙成，王鲁艺.职业启蒙教育研究的历史追溯与策略建议［J］.教育与职业，2018（13）：26—32.

用的体现。

◆二、生涯启蒙教育的问题探析

小学阶段是学生人生观、价值观形成和发展的重要阶段，学生在这一阶段掌握的认知、发展的能力、形成的价值观为其今后一生的幸福奠基。通过分析和研究，笔者认为当前生涯启蒙教育存在以下问题。

（一）小学阶段对生涯启蒙教育的价值忽视

从理论上讲，随着社会对于职业教育和职业生涯教育的认识程度普遍提升，生涯教育被不断前置，也赋予了大、中、小学不同的使命和任务。建立长期规划、有机衔接、贯穿学生成长过程的职业生涯教育体系是各个阶段学校的共同任务。[①] 这也就意味着，对于生涯教育而言，不同学段都肩负着重要的使命，不同学段都承担着生涯教育的责任。既然不同学段都要实施生涯教育，那么不同学段生涯教育的侧重点应该是不同的，这既是尊重教育规律的体现，也是学生成长的不同阶段的需要。对于小学阶段而言，生涯教育的重点一定是"启蒙"。也正是因为如此，关于生涯启蒙教育从什么时候开始实施的问题，学术界虽然有不同的观点，但基本都会把小学阶段作为生涯启蒙教育的初始阶段，这既符合小学教育的特点，也符合生涯教育的特点。但在实践中，对于小学阶段实施生涯启蒙教育的价值，很大程度上是忽视的。众所周知，我们的高中生在高考填报志愿时常常不知所措，很多大学毕业生在找工作时也是"病急乱投医"，而不少入职者又会频频跳槽、工作不稳，诸如此

---

① 李海涛. "大中小学一体化"职业生涯教育体系构建：价值、困境与路径［J］. 中国职业技术教育，2021（36）：39—43，58.

类现象，究其原因，就在于我国小学阶段对生涯启蒙教育的价值较为忽视。从学校教育而言，我们的小学课程内容往往更突出传统文化和知识经验的传递以及社会行为规范的养成，很少顾及经济生活和实际工作，生涯教育自然难以进入大家的视野，造成学校教育与学生生活、学习和工作互相分离的局面。[①] 当然，对于小学生来说，知识的传授是重要的，行为习惯的养成也是非常重要的，特别是基本社会规范的教育，从某种程度上讲，也是一种生涯启蒙教育，因为任何职业都有特定的社会规范和道德要求，这需要学生从小就习得。但是，小学教育较为忽视学生的学习与社会的联系、与社会职业的关系、与社会生活的关系，特别是与经济生活、职业生活、工作场景的联系，这也是客观的事实。如何凸显小学教育在生涯启蒙教育方面的价值，如何让小学教育更好地实施生涯教育，如何让学生在小学阶段就逐步理解自身所学与未来社会生活、未来职业发展之间的关系，特别是让学生把在学校所学与当下的社会生活、职业发展、科技发展建立恰当的联系，这是学校教育需要认真思考的问题。

（二）生涯启蒙教育缺乏完善适切的课程体系

课程是学校教育的核心，也是学校教育持续发展的生命线。在学校教育中，要提升育人的质量，体现育人的品质，形成育人的品牌，课程建设都是一个非常重要的途径。在小学阶段实施生涯启蒙教育，要以课程建设为核心，进而撬动各种育人资源，形成体现生涯启蒙教育要求的适切的课程体系。通过生涯启蒙教育课程的实施，帮助学生更好地了解

---

① 魏泽，万正维，钟基玉. 中国大陆地区小学生涯教育现状分析与对策建议 [J]. 教育与教学研究，2013（12）：12—14，17.

自己的优势、不足、兴趣等，在此基础上通过大量了解、体验社会职业，引导学生对自己的未来进行规划和设计，并最终将自己的理想憧憬与学校的学习相结合，让被动学习转变为主动探索，助力自己形成相应的职业品质和技能。与此同时，小学生涯启蒙教育课程的实施，有助于提升学生的学习能力、创新实践、人际交往、健康素养、行为礼仪等核心素养，塑造积极向上的生活态度、劳动观和职业观；培养解决问题的能力和主动探索能力。但是在学校实践中，我们发现生涯启蒙教育课程存在以下问题：一是忽视生涯启蒙教育的重要性，生涯启蒙教育课程随意开设，出现无目标、无体系、无评价的"三无"现象。实际上，学校都非常重视课程建设，这一点毋庸置疑，那为什么生涯启蒙教育课程却随意性很强呢？原因可能是多方面的，但最重要的原因还是对生涯启蒙教育的价值不够重视，在学校课程建设中，没有充分考虑生涯启蒙教育对学生成长成才的重要性。二是把生涯启蒙教育等同于职业教育，把初、高中关于职业教育的内容直接引入小学。生涯启蒙教育与职业教育密切相关，但二者不可简单等同。从类型上看，普通教育和职业教育属于两种不同类型的教育，生涯启蒙教育不是在职业教育系统内实施，而是在普通教育系统内实施，这就决定了生涯启蒙教育不是职业教育的简单翻版，也就意味着职业教育的课程不可以直接适用于生涯启蒙教育。三是生涯启蒙教育课程的学科化倾向比较严重，忽视了社会实践、职业体验对生涯启蒙教育的重要作用。生涯启蒙教育不是简单的知识学习，也不是简单的关于职业的学习，学生对职业的认知、兴趣、体验都是需要在实践中形成的，从某种程度上讲，没有社会参与，没有职业体认，没有岗位锻炼，就没有所谓的生涯教育。可以说，构建完整、适切的符合小学教育特点的生涯启蒙教育课程体系是当务之急。

（三）生涯启蒙教育缺少多元有效的途径方法

生涯启蒙教育要想取得实效，除了明确生涯启蒙教育的目标和内容之外，采用什么样的途径方法也非常重要。从目前的情况看，在小学阶段生涯启蒙教育实施过程中缺少多元有效的途径方法。一是实施路径有窄化现象。这种窄化现象表现在两个方面，一方面，认为要实施生涯启蒙教育，就必须开发专门的生涯启蒙课程，判断生涯启蒙教育开展得好不好、有没有效，就看有没有专门的生涯启蒙课程，这就把生涯启蒙教育窄化为专门的生涯启蒙课程。专门的生涯启蒙课程当然重要，但不能用专门的课程来替代其他的育人途径。实际上，在所有的学科中，都有与生涯教育相关的内容，关键看教师有没有主动、有意识地挖掘其中的资源，作为生涯启蒙教育的重要资源。课程作为学校育人的主渠道，专门的生涯启蒙课程只是作为其中很小的一个模块，忽视了学科教学中生涯启蒙教育的有效渗透，就失去了生涯启蒙教育在课程领域的"基本面"，这不仅得不偿失，更会使生涯启蒙教育效果大打折扣。另一方面，认为生涯启蒙教育是学校教育的事情，家庭教育没有责任。这就把生涯启蒙教育窄化为学校教育，岂不知，没有家庭教育的参与，没有社会教育的支持，生涯启蒙教育是没有办法真正落地的。二是实施路径有泛化现象。这种泛化现象也表现在两个方面，一方面，认为所有的教育教学行为都是可以进行生涯启蒙教育的，忽视了课程的主阵地作用，忽视了校园文化的隐形育人作用。另一方面，认为生涯启蒙教育就是搞搞活动、进行一些所谓的社会实践，更有甚者，把所有的主题活动、社会实践都看作生涯启蒙教育，忽视了生涯启蒙教育所特有的目标和内容。实际上，从实施途径而言，生涯启蒙教育可以分为直接的生涯启蒙教学和间接的生涯启蒙教育，前者是专门的生涯启蒙课程，后者包括学科教学、班团队活动、社会实践、校园文化、家校社协同等，都是实施生涯启蒙教育的途径。要防止生涯启蒙教育在实施过程中的窄化和泛化现象，就要把生涯启蒙教育作为专门的教育领域，有明确的目标和内容的教育形态，防止生涯启蒙教育被其他教育所消解，失去其独立性。另一方面，也要把生涯启蒙教育整合融入学校教育的体系中，包括课程的融入、教学的融入、师资队伍的融入、校园文化建设的融入、社会实践的融合和家校社的融合等，只有这样，才能构建起符合生涯启蒙教育特点的路径方法体系，推动生涯启蒙教育落地见效。

（四）生涯启蒙教育缺少家庭和社会的融通支持

在教育中有一个非常重要的原则，那就是教育影响的一致性原则，这一原则的基本内涵是，教育要发挥作用，必须使影响教育的各个因素在同一个正确的目标上努力。对于生涯启蒙教育而言，单靠学校教育是远远不够的，即使学校认识到生涯启蒙教育的重要性，也需要家庭和社会的全面、深度支持，离开了任何一方，生涯启蒙教育都是苍白无力的。苏霍姆林斯基在著名的《给教师的建议》一书中讲道："儿童在接受学校教育以前的准备，在很大程度上决定着他们以后在少年期和青年早期的道德的、智力的和审美的发展"，"我们坚信，教育学的知识，就像法治知识一样，是所有的社会成员都必须知晓的。"也就是说，家庭教育对于包括生涯教育在内的所有教育都会产生影响。在调研中也发现，即便是有学校已经在开展生涯教育，但做得比较多的是学校单方面开展，实践活动、评价等方面都是本校的教师带领学生开展，没有家长、社区、企业等社会力量的介入。事实上，生涯启蒙教育是以人的终身生涯发展为目标，通过对学生开展生涯认知、生涯探索、生涯实践、生涯抉择等事项，助力学生开展人生发展规划，生涯启蒙教育的社会属性要求家庭、社会的深度支持。但是，很多家长并没有意识到这一点。很多家长认为，生涯教育是和孩子未来职业相关的教育，对于小学生而言太早了，根本不需要给小学生实施生涯启蒙教育。这种观点的产生，一方面是因为职业选择对于小学生还是很遥远的事情，没有那么紧迫；另一方面也是因为很多家长小时候也没有接受所谓的生涯启蒙教育，现在工作了，也没有受到什么影响。我们姑且不论家长在小学阶段如果较为系统地接受了生涯启蒙教育，会不会对他们以后的职业生涯产生实质的影响，单就现实而言，家长接受教育的时代形势与现在的形势也已经发生了重要的变化。有学者就认为，缺少家庭参与的生涯教育可能是短视的、碎片化的，缺少学校参与的生涯教育可能是杂乱的、盲目的。家长都希望孩子"不能输在起跑线上"，其实，如果一定要讲赛跑的话，生涯真不止一条起跑线，这个赛场也不止一个赛道。有效利用家校合作平台，让孩子选好自己喜欢并可以发挥优势的赛场和赛道，为孩子的终身发展奠基，应该是现阶段职业规划和生涯教育的基本目标。[1] 为做好三方协同育人工作，于学校而言，要提升指导能力，发挥主导作用；于家长而言，要学习科学家教知识，提高履职能力；于社会而言，要主动参与，提供资源和服务支撑。[2]

---

[1] 杨剑. 家校合作提升学生生涯教育质量 [J]. 人民教育，2020（21）.3—4：94—95.
[2] 张志勇. 家校社协同育人的"潍坊答卷"[J]. 中国基础教育，2023（8）：50.

第二章

素养导向：
生涯启蒙教育的内涵要求

当今时代，教育不再是对知识内容的复制，而是将我们的所学外化和应用到新的情境中。简而言之，世界已经改变，它给你的回报不是因为你的所知——搜索引擎无所不知——而是你用所知做了什么，你的表现如何，以及你的适应性如何。① 因此，教育要培养一个人的，不再是知识，而是一种胜任力，一种适应复杂多变与快速变迁的信息化时代的多元需求的胜任力，这就是核心素养。可以说，教育已经从知识时代，经能力时代，走向了素养时代。

对于生涯启蒙教育而言，以核心素养为指向构建系统的育人体系，不仅是教育发展的必然要求，也是生涯启蒙教育取得成功的关键。对于小学生生涯启蒙教育而言，核心素养不仅是目标要求，也应该贯穿生涯启蒙教育的全过程，因为生涯发展是核心素养的应有之义，生涯启蒙教育也是落实核心素养的重要体现。

■ 第一节　核心素养与生涯启蒙教育的关系阐释

余文森教授认为，"核心素养是最基础、最具生长性的关键素养，就像房屋的地基，它决定房屋的高度。核心素养的形成具有关键期的特点，错过了关键期就很难弥补。"② 小学阶段是开展生涯启蒙教育的初

---

① 查尔斯·菲德尔.四个维度的教育：学习者迈向成功的必备素养［M］.罗德红，译.上海：华东师范大学出版社，2017：1—2.
② 余文森.从三维目标走向核心素养是课改深化的标志［J］.人民教育.2016（19）：27.

期，也是培养学生适应未来社会发展的重要阶段，甚至是关键阶段，这与核心素养的要求是一致的，因而核心素养与生涯启蒙教育有着密切的关系，讨论二者的关系可以让我们对素养导向下的生涯启蒙教育的内涵有更为深刻的理解。

一、核心素养及其内涵分析

核心素养的概念是一个历史的产物。在教育史上有著名的实质教育论与形式教育论之争。所谓实质教育论，指的是教育的主要任务是传授知识，让学生获得更多的知识是教育、教学的首要也是最重要的任务；所谓形式教育论是指，教育的目的不是传授知识，而是通过知识的传授培养所谓的"官能"。实际上，不管认为教育的目的是传授知识还是培养能力，都是片面的，因为知识和能力密不可分，没有脱离知识的能力，也没有脱离能力的知识，知识的应用就是能力的体现。但无论是纯知识还是纯能力，在信息时代都已经无法适应复杂多变的时代要求，而且对一个人来讲，特别是对作为社会关系中的人来讲，除了知识和能力，情感、态度、价值观等更为重要，于是，一个包括"知识""能力"与"态度""价值观"的"素养"概念出现了。

1997 年，经济合作与发展组织（OECD）启动核心素养框架项目"迪斯科"（DeSeCo）计划，即"素养界定与选择：理论与概念基础"（Definition and Selection of Competences: Theoretical and Conceptual Foundations）计划，拉开了世界范围内"核心素养运动"的大幕。[①] 经济合作与发展组织的"迪斯科"计划所建构的核心素养为并列交互型。

---

① 张华.创造 21 世纪理想课程：义务教育课程修订的国际视野［J］.基础教育课程，2022（10）：4—11.

该项目认为，要保障人的成功生活与健全社会的建设，个体必须具备三大核心素养：能互动地使用工具、能在社会异质团体中互动、能自主行动，简单地说，这三大维度可以认为是人与工具、与社会、与自我，这三大核心素养尽管各自有其核心内容，但素养本身的社会复杂性使三者之间依然相互关联。①此后，欧盟、国际教育技术协会等国际组织和机构，以及美国、英国、日本、澳大利亚等发达国家，纷纷推出体现地区和国家特点的"核心素养框架"，以积极应对信息时代科技、职业、经济和社会发展对教育提出的挑战。②

2016年9月13日，中国学生发展核心素养研究成果发布会在北京师范大学举行。会上发布了学生发展核心素养最新研究成果，明确了学生发展核心素养的概念内涵。所谓"学生发展核心素养"主要指学生应具备的，能够适应终身发展和社会发展需要的必备品格和关键能力。③可以看出，这里对核心素养的界定，有两个显著的特征：一是从核心素养对人的发展的意义上讲，核心素养既指向一个人的终身发展，也指向一个人的社会发展，强调人的个性化与社会性的统一；二是核心素养的内涵界定为两大方面，一个是必备品格，一个是关键能力，并将必备品格放在了关键能力的前面，强调一个人道德发展和能力发展的统一。

有研究者把核心素养与"双基""三维目标"进行了比较分析，认为"双基"是外在的，主要是从学科的视角来刻画课程与教学的内容

---

① 辛涛，姜宇，林崇德，等.论学生发展核心素养的内涵特征及框架定位［J］.中国教育学刊，2016（6）：3—7，28.
② 张华.创造21世纪理想课程：义务教育课程修订的国际视野［J］.基础教育课程，2022（10）：4—11.
③ 核心素养研究课题组.中国学生发展核心素养［J］.中国教育学刊，2016（10）：1—3.

和要求。"三维目标"是由外在走向内在的中间环节，而素养是内在的，是从人的视角来界定课程与教学的内容和要求。从"双基"到"三维目标"再到"核心素养"，其变迁基本上体现了从学科本位到以人为本的转变。①

2022 年 4 月，《义务教育课程方案》（2022 年版）和 16 个课程标准（2022 年版）印发实施。在课程方案中明确提出，义务教育课程基本原则之一是"聚焦核心素养，面向未来"，即依据学生终身发展和社会发展需要，明确育人主线，加强正确价值观引导，重视必备品格和关键能力培育。精选课程内容，注重培养学生的爱国情怀、社会责任感、创新精神和实践能力，奠基未来。从这个表述上看，国家对核心素养的内涵进行了重要的调整与丰富。之前讲核心素养的时候，只有八个字："必备品格"和"关键能力"；这次的《义务教育课程方案》对核心素养的内涵的阐释，在"必备品格"的前面增加了"正确的价值观"，也就是说，现在核心素养的内涵是正确的价值观、必备品格和关键能力的统一。为什么要在"必备品格"的前面加上"正确的价值观"？也许有人会说，必备品格不就包含正确的价值观吗？再加一个正确的价值观岂不是多此一举？实际上，我们现在讨论核心素养，不仅要讨论核心素养的这三大方面，还要讨论这三大方面之间的关系。对一个人的发展而言，无论是终身发展还是适应社会发展，都必须首先要有正确的价值观，因为这是方向性的指标，我们的教育也首先应该是对学生理想信念、正确的价值观的培养，没有正确的价值观，关键能力再强都没用，甚至是有害的。从某种程度上讲，没有正确的价值观，关键能力越强，对社会的

---

① 辛涛，姜宇，林崇德，等.论学生发展核心素养的内涵特征及框架定位［J］.中国教育学刊，2016（6）：3—7，28.

危害性越大。爱因斯坦在《培养独立思考的教育》一文中指出，用专业知识教育人是不够的，通过专业教育，他可以成为一种有用的机器，但是不能成为一个和谐发展的人。要使学生对价值有所理解并且产生热烈的感情，那是最基本的。他必须对美和道德上的善有鲜明的辨别力。当然，一个人应该是一个有道德的人、一个善良的人、一个愿意帮助他人的人，这就是必备品格，在这个基础上，培养关键能力是非常重要的，有正确的价值观的引导，有必备品格，关键能力越大，对社会的贡献越大。简言之，正确的价值观、必备品格解决的是做人的问题，关键能力解决的是做事的问题，一个人要先学会做人，再学会做事，不会做人会做事比既不会做人也不会做事更可怕。党的二十大报告中明确提出"育人的根本在于立德"，再次对作为教育根本任务的立德树人进行了强化。

有研究者认为，在根本价值取向上，"核心素养"这一提法与我国20世纪80年代以来倡导的"素质教育"有着内在的一致性，是对素质教育的倡导在新时期的深化。20世纪80年代末提出的素质教育旨在改变当时过分强调"智育唯一、分数至上"的应试教育弊病，促进育人模式的转型。此次提出"核心素养"，研制基于核心素养的学业质量标准，试图进一步明确基础教育的质量观念，阐明人才培养要求，从而实现育人模式的根本转型。[①] 核心素养是对素质教育内涵的具体阐述，可以使新时期素质教育目标更加清晰，内涵更加丰富，也更加具有指导性和可操作性。此外，核心素养也是对素质教育过程中存在问题的反思与改进。尽管素质教育已深入人心并取得了显著成效，但我国长期存在的以考试成绩为主要评价标准的问题，影响了素质教育的实效。解决这一问

---

① 杨向东.核心素养与我国基础教育课程改革的关系［J］.人民教育，2016（19）：19—22.

题，要从完善评价标准入手，全面系统地提炼和描述学生发展核心素养指标，建立基于核心素养发展情况的评价标准，有助于全面推进素质教育，深化教育领域综合改革。[①]

实际上，核心素养与素质教育还是有差别的，单就素养和素质这两个概念而言，也是不同的。一般认为，素质包括两部分，一部分是先天的素质，比如智力等遗传素质，一部分是后天的素质，比如理想追求、学习动机、学习兴趣等。先天的素质受教育的影响比较小，即使我们认为遗传素质具有可塑性，但这种可塑性也是有一定条件的；而后天的素质主要是受教育的影响，当然，这里的教育是家庭教育、学校教育和社会教育的统称。而素养这个概念，主要指的是后天教育和环境对一个人的影响，所以，素养是可以习得的，而素质不一定。正因为如此，我们现在提核心素养的时候，主要指的是通过教育培养一个人终身发展和适应社会发展的正确价值观、必备品格和关键能力。

从我们对核心素养的内涵分析可以看出，核心素养有以下基本特征。一是核心素养的统合性。核心素养不是知识，也不是能力，更不是单纯的观念、态度，核心素养是知识、能力和价值观的统一体，在这个统一体中，我们有时候甚至看不到知识本身，但核心素养一定包含知识，同样，单纯的能力也不是核心素养，但核心素养一定是一种问题解决能力的体现。因为核心素养是一个复杂的统一体，所以不要试图在这个统一体中把知识、能力、价值观单独分割出来，这是不现实的，因为人的发展本身就是统一的。

二是核心素养的融合性。核心素养的融合性有时候与统合性相关。

---

① 汪瑞林，杜悦.凝练学生发展核心素养　培养全面发展的人：中国学生发展核心素养研究课题组负责人答记者问［N］.中国教育报，2016-09-14（9）.

核心素养不是一种简单的知识体系，而是一种复杂的、动态的素养体系，复杂性体现在核心素养的获得依靠单纯的知识传授是不可能的，动态性体现在核心素养不是静态的知识体系，而是在解决问题过程中所体现出来的一个人的涵养的全部，正因为核心素养是在一个具体的行为中体现的，所以对核心素养的评价不能用简单的纸笔测试，即使是纸笔测试，也要聚焦在对特定情境中问题解决能力的考查。

三是核心素养的融通性。核心素养因为其系统性、融合性的特点，有时候我们甚至看不到知识或者能力的成分，表现出来的是一个人的修养、教养或者涵养。核心素养是个性化的，具有较强的自主性，这种自主性不仅表现在核心素养有很强的个人经验背景，也表现在核心素养是在特定的解决问题的过程中形成和体现的，情境的特定性使得个人问题解决过程中带有很强的个体自主性。更为重要的是，核心素养带有很强的开放性和包容性，这种开放性和包容性让一个人获得核心素养的过程成为发挥自我意识、提升自我能力、升华自我价值的过程。

四是核心素养的普适性。所谓普适性，指的是核心素养体现的是一个人在发展过程中的基础素养、关键素养，不是针对某一特定问题的特殊素养，正如张华教授所言，核心素养不是只适用于特定情境、特定学科或特定人群的特殊素养，而是适用于一切情境和所有人的普遍素养，这就是"核心"的含义。①

⬡ 二、生涯启蒙教育的素养要求

既然核心素养指向一个人的终身发展，指向一个人适应社会的发

---

① 张华.论核心素养的内涵［J］.福建教育，2016（23）：6.

展，那么核心素养与生涯启蒙教育在价值导向上是一致的。从核心素养与生涯教育的关系上看，核心素养指引生涯启蒙教育，而生涯启蒙教育是落实核心素养的重要途径。我们应把职业生涯教育与培养学生核心素养统一起来，站在培育学生核心素养的战略高度，在中小学设置职业生涯教育课程。①

（一）生涯发展是核心素养内涵的应有之义

对于生涯发展与核心素养关系的考察，有利于我们深入理解核心素养背景下生涯启蒙教育的实施与评价。从对核心素养的内涵分析来看，生涯发展、职业发展、自主发展本身就是核心素养的重要内容，这一点可以从国际和国内两个方面来看。

从国际上看，纵观国际组织、世界各国对核心素养内涵的理解，虽然各不相同，但都把自主发展作为其重要组成部分。经济合作与发展组织（OECD）率先提出的核心素养框架包括"能互动地使用工具、能在异质社会团体中互动、能自主行动"三个方面，这三个方面实际上是从人与工具、人与社会和人与自我这三个方面考虑的。其中，人与自我强调的就是人如何认识自己，认识自己发展的多种可能性，如何基于自身的优势实现更好的发展。美国制定的《"21世纪素养"框架》，确立了核心素养的三个方面，包括"信息、媒介与技术素养""学习与创新素养""生活与职业素养"②；这里的"生活与职业素养"实际上就是生涯素养，虽然没有使用生涯素养这样的概念，但生涯本身就包含对未来

① 吕君，韩大东．"核心素养"背景下韩国中小学职业生涯教育探究［J］.职业技术教育，2019（7）：68—73.
② 林崇德.21世纪学生发展核心素养研究［M］.北京：北京师范大学出版社，2016：60—79.

生活的规划和对未来职业的规划，生涯教育就是培育"生活与职业素养"的重要途径。2015 年 9 月，韩国新一轮基础教育课程改革明确了中小学生所应具备的"核心素养"体系。为了培养适应未来需要的全素质人才，提升学生"核心素养"，2015 年 12 月及 2016 年 4 月，韩国教育部相继发布《职业生涯教育法》和《第二次职业生涯教育五年基本计划（2016—2020 年）》，构建激活学生梦想与才能的职业生涯教育体系，从小学到大学分年级制定了系统的职业生涯教育框架。这一职业生涯教育框架正是以新时代韩国中小学生应当具备的"核心素养"为基础的。[①] 笔者对韩国中小学生应具备的核心素养进行梳理和分析后发现，核心素养从内涵上看，包括"自我管理""知识信息处理""创造性思维""审美感性""沟通"及"共同体"六种素养，其中"自我管理"素养与经济合作与发展组织（OECD）提出的"能自主行动"的素养在本质上是一致的，都是强调一种自我发展的能力。当然，这里的"自我管理"涉及的范围可能比自主行动还要广一些。基于核心素养的内涵框架，韩国政府把职业生涯教育的目标确定为，"自我认识与社交能力""职业与工作世界理解能力""生涯探索能力"和"生涯设计与准备能力"四个维度的能力提升，这四个维度的目标，很好地涵盖了生涯教育的核心领域，对我国生涯教育的实施很有启发。

从国内看，2016 年 9 月，《中国学生发展核心素养》研究成果在北京发布，提出中国学生发展核心素养分为文化基础、自主发展、社会参与三个方面，综合表现为人文底蕴、科学精神、学会学习、健康生活、

---

① 吕君，韩大东."核心素养"背景下韩国中小学职业生涯教育探究 [J]. 职业技术教育，2019（7）：68—73.

责任担当、实践创新六大素养。① 其中学生自主发展能力包括自我发展探索能力、自我发展决策能力、自我发展管理能力三方面。② 我们会发现，"自主发展"作为我们提出的核心素养的三大方面之一，与经济合作与发展组织（OECD）提出的"能自主行动"、美国的"生活与职业素养"、韩国的"自我管理"等虽然概念表述不同，但有异曲同工之妙。之所以如此，是因为自主性在人的发展中有非常重要的作用。教育学有一个理论，认为影响人发展的因素有四个，就是所谓的"四因素说"，包括遗传、环境、学校教育和人的主观能动性。对于这四者在人身心发展中的作用，一般认为，遗传因素提供生物性前提和物质基础；环境对人的影响是重要的，但环境对人的影响大与小取决于主体与环境之间的交互关系；学校教育在人的身心发展中起主导作用，但这种主导作用的发挥是有条件的；对人的身心发展起决定作用的是人的主观能动性。正是因为有了人的主观能动性，环境的影响才可以发挥正向的作用，教育的主导性才可以充分地发挥，甚至遗传素质的可塑性正是人的主观能动性作用的结果。可见人的自主发展的重要性。可以说，人的自主性是人与动物的本质差异，是人之所以为人的根本属性。自主性重在强调能有效管理自己的学习和生活，认识和发现自我价值，发掘自身潜力，有效应对复杂多变的环境，成就出彩人生，发展成为有明确人生方向、有生活品质的人，这恰恰是生涯教育的重点。

2017 年 9 月，中共中央办公厅、国务院办公厅印发《关于深化教育体制机制改革的意见》，提出要注重培养支撑终身发展、适应时代要求的关键能力，包括培养认知能力、合作能力、创新能力和职业能力。

---

① 中国学生发展核心素养研究成果正式发布［N］.中国教育报，2016-09-13.
② 核心素养研究课题组.中国学生发展核心素养［J］.中国教育学刊，2016（10）：1—3.

这里的"职业能力"正是生涯教育要培养的关键能力之一，"职业能力"成为四大关键能力之一，而关键能力是核心素养的重要方面，从逻辑上讲，职业能力正是核心素养的重要内容，也就意味着生涯教育是落实核心素养的重要方面。从核心素养指向一个人的终身发展的角度来看，生涯教育正是为一个人的终身成长奠基。所以，生涯教育不仅要关注当下，更要关注未来；不仅要关注升学，更要关注成长；不仅要关注作为学生的身份，更要关注作为人的多重角色，不仅关注人的发展，更关注人如何适应社会的发展……

（二）以小学生生涯启蒙教育落实核心素养

如果说生涯发展是核心素养的重要内容和应有之义的话，那么在小学阶段通过生涯启蒙教育落实核心素养就是教育的重要任务。

首先，小学阶段是核心素养形成的基础阶段。核心素养的形成是一个持续的过程，不同阶段的教育都承担着相应的责任。而小学教育正是基础教育之基础，是核心素养形成的基础阶段，这主要与小学生的认知、情感和道德发展有关。这里需要特别说明的是，素养的形成强调连续性、系统性，强调家庭、学校、社会合力育人，尤其需要家庭教育发挥更大作用。核心素养的培育不是仅仅依靠学校教育就可以形成的，即使学校在学生培养学生核心素养方面发挥主渠道、主阵地的作用。当然，这并不是弱化学校教育在核心素养培育方面的重要作用。习近平总书记在全国教育大会上指出，家庭是人生的第一所学校，家长是孩子的第一任老师，要给孩子讲好"人生第一课"，帮助扣好人生第一粒扣子。总书记关于家庭教育的"四个第一"，为我们依靠家校社合力培育核心素养提供了根本遵循。对于核心素养培育而言，家庭教育非常重要。前文已述，素养不是简单的知识、能力，它是一种行为方式、个人涵养、道德修养、思维品质的综合体，而对于这些要素，家庭教育更为直接，更为基础，影响也更为长远。一个人生活在什么样的家庭环境下，家风家教如何，家庭氛围如何，夫妻关系、亲子关系如何，家人与亲戚之间的关系如何，直接影响孩子的成长，这种影响是潜移默化的，但比简单的知识传授、能力培养影响可能更大。在家庭教育中，孩子可以习得正确的观念，养成良好的习惯，但也有可能形成错误的概念、错误的观念，养成不好的行为习惯，这时候，学校教育就不是从传递给学生正确的观念、道德品质开始的，而是从纠正和转化学生的错误观念和认知开始的。每个学生的个体经验差异巨大，这正是学校教育复杂性的体现，这种复杂性需要学校教育创造性地根据每个学生的生活经验、个体差异开展个性化的教育。有的时候，我们甚至认为，学校教育面临着艰难的育人环境，这种育人环境不是学校教育环境，而是复杂的家庭环境和社会环境，学校教育可以创设一个"简化的""净化的"育人环境，但学校教育对于家庭教育环境和社会教育环境的影响是非常有限的，有的时候甚至是无力的，但家庭环境、社会环境对教育的影响却是强烈的，特别是一些负面的家庭教育影响和社会环境影响对学校教育的冲击是巨大的。因此，家长的育人观念、孩子成长观要发生变化，社会育人环境的变化必须与学校的素质教育一致，只有这样，才能共同作用于学生的成长，更好促进学生的成长，更好地实现培育学生核心素养的目标。

其次，小学阶段是生涯启蒙教育的基础阶段。从影响生涯发展的因素来讲，小学生具有明显的感性特征和较强的向师性，小学生观念、价值观等可塑性非常强，这种情况下，面对个性差异的同伴、不同观念和素质水平的家长、教师的教育教学方式、同学之间的相互感染，特别是"重要他人"对小学生的影响，社会多变复杂的环境和大众媒体，特别是手机、平板电脑、互联网的影响等，所有这些都会以一种无形的方式渗透到学生生涯发展的整个过程中，对学生的未来成长产生深远的影响。正因为如此，生涯启蒙教育应该综合各种影响学生生涯发展的因素，把那些积极的、有益的、正向的教育影响呈现给学生，让学生在这种正向的教育影响下形成为一生发展奠基的生涯素养。从人格心理特征来看，小学生的人格还没有形成，还有很大的可塑性，对于未来的发展没有相对稳定的理想信念，对事物的认知主观性较强，比较感性，缺乏准确的判断力，没有形成对事物的本质的认识，但这个阶段的学生，求知欲和好奇心都很强，对人和事都很敏感，有极强的模仿性和向师性，感受力也很强，教师的言行举止，一笑一颦，都会给学生留下深刻的印象；特别是学生的向师性很强，对教师有特别的关注，喜欢模仿教师的样子，这本身就是一种职业启蒙的体现。而在家庭中，父母对孩子的爱是一个方面，父母的唠叨、抱怨也会传递给孩子，特别是作为职业人的父母，有时候会把职业生活中的一些积极的或者消极的情绪带到家庭，无意识地传递给孩子，这些都会对孩子产生影响。所以，小学阶段作为生涯启蒙教育的重要阶段，既要根据小学生的特点进行课程开发，也要注重从家校社协同育人的角度整体设计和实施生涯启蒙教育。

总之，核心素养的提出，是我国教育从注重知识到注重育人的重大转向，其宗旨与生涯教育是一致的。正是因为小学生在成长过程中可变因素多、可塑性强，所以要及早对小学生实施素养导向下的生涯启蒙教育。

■ 第二节　素养导向下生涯启蒙教育的内涵分析

如果把核心素养作为一种课程目标来看待，那么制约核心素养体系制订的"三因素"，即社会发展对人才的需求、科技发展和学科前沿对课程内容更新的需求以及学生身心发展规律，就应得到充分重视。① 在这"三因素"中，第一个因素，社会发展对人才的需求，要求生涯启蒙教育的目标以社会发展为导向，培养社会发展所需要的人；第二个因素，科技发展和学科前沿对课程内容更新的需求要求生涯启蒙教育的内容要与时俱进，不断更新，体现社会需求；第三个因素，学生身心发展规律要求生涯启蒙教育作为一种教育活动，要遵循教育规律和儿童身心发展规律，以人的发展作为生涯启蒙教育的起点，以人的主体性作为生涯启蒙教育的基本立场。因此，生涯启蒙教育必须以核心素养为导向，分析素养导向下的生涯启蒙教育的内涵，可以为我们构建适切的生涯启蒙教育体系提供思想引领。

● 一、文化性是生涯启蒙教育的价值引领

文化是人类社会所特有的一种历史现象，也是人区别于动物的显著特征。《辞海》中对文化的解释有广义和狭义之别：从广义来说，指人类社会历史实践过程中所创造的物质财富和精神财富的总和；从狭义来说，指社会的意识形态，以及与之相适应的制度和组织机构。文化是一种历史现象，每一社会都有与其相适应的文化，并随着社会物质生产的发展而发展。② 在西方，泰勒把文化看作是复杂生活的整体，是包括了

---

① 刘启迪．高中课程改革如何强化学生的核心素养［J］．当代教育科学，2016（12）：24—27．
② 辞海编辑委员会．辞海［M］．1979年版缩印本，上海：上海辞书出版社，1980：1533．

知识、信仰、艺术、法律、风俗，以及人作为社会成员所习得的其他各种能力与习惯。① 可见，文化有着丰富的内涵。

文化与教育有着密切的关系，从本质上说，文化本身就是一种教育现象，因为文化可以潜移默化地影响人，而教育是文化的表现形式，也是文化的重要组成部分。著名学者郑金洲教授认为，教育是文化的表现形式，是文化中的一个重要组成部分。这是符合现代社会文化发展的事实的。而且从分类上，他把文化分为物质文化、精神文化、制度文化三大类，并认为教育"是精神文化迈向物质文化的一个桥梁，是联结两者的纽带"。② 当我们把文化与教育建立联系的时候，生涯启蒙教育必然有其文化属性，或者说文化性必然成为生涯启蒙教育的价值引领。

首先，生涯启蒙教育的出现本身就是一种文化现象。前文已述，文化是一种历史现象，而生涯启蒙教育也是一种历史的产物，人类社会发展的很长一段时间，没有所谓的生涯教育，也没有所谓的生涯启蒙教育，正是随着社会发展，职业分工越来越细，社会发展对职业要求越来越高，于是在教育领域就出现了生涯启蒙教育。生涯启蒙教育作为一种教育形式，它的出现就是社会发展对教育影响的一种文化现象。

其次，文化性赋予生涯启蒙教育以丰富的内涵。因为人是一种诗性的存在，人的发展是一种带有文化属性的发展，对于教育而言，教育与文化有着天然的联系，文化是教育内容的重要来源，教育本身也是文化的体现，不管我们承认不承认，没有人能够把教育与文化截然分开。有了文化性的引领，生涯启蒙教育所要培养的人首先是一个有文化、有涵养、有价值追求的人，然后才是具备某种特定职业技能的人，人从事某

① 丁钢.价值取向：课程文化的观点［J］.北京大学教育评论，2003（1）：18—20，76.
② 郑金洲.教育文化学［M］.北京：人民教育出版社，2019：16.

种职业也不是简单地"间接保全自己"，而是通过职业生活满足人的精神性需求、文化性需求，而不是简单的物质需求、经济需求。"人是精神的存在，人的精神包括自我意识、德性、理性、情感性、创造性和实践性。"① 文化性让生涯启蒙教育不仅可以"脚踏实地"，更可以"仰望星空"，不仅可以"安身立命"，更可以"自我实现"。

再次，文化性引领生涯启蒙教育与其他教育的融合。在社会大系统中，教育作为子系统与其他子系统相互作用，而在教育系统中，包含着各种体现社会需要的教育内容和形式，生涯启蒙教育作为其中一种教育形式，必然要与其他教育形式进行融合，这种融合是人的发展的需要，因为人的发展是一种整体性的发展、统一性的发展，生涯启蒙教育所要培养的人的素养，必然受到其他教育行为的影响，也必然在影响其他的教育行为。这种融合也是尊重教育规律的体现，因为教育的发展是一种融合的发展，你中有我，我中有你，不可分割。从人的发展的完整性和教育发展的融合性的角度看，需要有一个超越特定教育形式、带有普适性要求的价值存在，那就是文化性，文化性是教育的普适性要求，无论是什么样的教育，都不可能脱离其文化属性而单独存在，因为教育一旦脱离了文化属性，教育的核心价值就没有了，甚至可以说，教育本身就消亡了。因此，对于生涯启蒙教育而言，绝不可忽视其文化性的存在，这是生涯启蒙教育高质量发展的基本前提。

◆二、教育性是生涯启蒙教育的本质属性

生涯启蒙教育是一种教育形式，或者说是一个教育领域，既然是一

---

① 李忠，王筱宁.高等工程教育中的"人"的问题［J］.教育研究，2014（9）：47—50，76.

种教育活动，教育性当然是其基本属性。教育性作为生涯启蒙教育的本质属性既有对教育规律的探寻，也有对现实实践的反思。从教育规律的角度而言，生涯启蒙教育不仅是满足社会发展对人才的需求，也是满足学生全面、个性与终身发展的需要。很多时候，我们过多地考虑了生涯启蒙教育的社会发展需要，简单地认为生涯启蒙教育就是一种对社会职业的了解和某种特定职业能力的掌握，而忽视了人本身的全面发展、终身发展更需要生涯启蒙教育。实际上，只有从人的全面发展、终身发展的角度去理解生涯启蒙教育，去构建生涯启蒙教育的体系，才会让生涯启蒙教育发挥最大的教育性功能。生涯启蒙教育不单单是学生未来发展方向和就业方向的指导，更是根据人的身心发展的不同阶段，满足不同的生涯发展需求。当我们从学生的生涯发展需求的角度来看待生涯启蒙教育的时候，我们就会发现，生涯启蒙教育的本质是让自己变得更好，让社会变得更好，生涯启蒙教育的重点就是认识自己、发现自己、成就自己，就是发掘自己的潜力，开拓自己无限的可能性，让自己学会选择，并在选择中承担责任，而不是过早对自己未来所从事的职业进行定位，可以说，发现自己、学会选择、承担责任才是生涯启蒙教育更为重要的目标。

从现实来看，生涯启蒙教育实践存在"功利性""工具化""职业化"等问题。所谓"功利性"，是指有些人认为生涯启蒙教育更多是从就业对一个人的价值而言，认为那些可以获得较高经济报酬的职业是未来职业选择的方向；对于那些普通的职业，或者不能获得较大经济报酬，或者社会地位不高的职业，总是有意识地忽视，这种现象对孩子的成长是很不利的。所谓"三百六十行，行行出状元"，新时代的劳动教育要求我们的孩子"体认劳动不分贵贱"，如果我们是从功利性的角度考虑职业对一个人发展的意义和价值的话，生涯启蒙教育就失去了教育性根基，甚至成为教育功利化的"帮凶"。所谓"工具性"，是指在开展生涯启蒙教育的过程中，忽视了人的主体性，或者说异化了人的发展需要的全面性。人的发展的价值有工具价值和内在价值之分，内在价值是指事物的存在本身就是一种价值，它表现为一种自成目的性的形式，不需要外在的推动或者制约，比如人对美好事物的追求，人的求知欲、好奇心、创造力等，都是人的本性的体现，其本身就具有内在价值。工具价值伴随着人的对象化实践而生成，是人为了实现某种目的而依赖的条件或手段的有用性。"工具价值在被使用的过程中是被'对象化'的，表现为人在劳动活动中借助于生产手段作用于自然物，改变它的形态，使之适合于人类生存发展的需要"。①从现实来看，我们从来不否认人的工具性存在，这是一种社会关系下人的存在方式，也是社会关系对人的必然要求，但从教育的角度而言，工具价值不可以替代内在价值，工具理性也不可以替代价值理性。甚至可以说，内在价值要先于工具价值，正如约翰·密尔在《论自由》中提到的，"对于本人自己，对于它的身和心，个人乃是最高主权者。"②当然，个人中心主义是要不得的，从某种程度上讲，强调人的内在价值的重要性，也是为了更好地实现人的工具价值。所谓"职业化"，是指把生涯启蒙教育简单理解为一种为未来职业的早期训练或者培养，这实际上是"功利化""工具化"的一种表现形式。如果从教育性的角度而言，生涯启蒙教育是连接学校和现实世界的桥梁，是学校生活社会化和社会生活学校化的重要载体，培养学生的正确价值观、必备品格和关键能力，这不仅是核心素养的要求，也是生

---

① 陈志尚.人学原理［M］.北京：北京出版社，2005：38—39.
② 约翰·密尔.论自由［M］.程崇华，译.北京：商务印书馆，1959：10.

涯启蒙教育以教育性作为本质属性的要求。

◆三、人本性是生涯启蒙教育的内生动力

现代教育，我们都认可一种理念，那就是以人为本，以学生为本，但这种理念的形成是经历了漫长的过程的。通过对教育发展历史的考察，我们就会发现，很长一段时间教育中的两大主体——教师和学生的地位是极不平等的，教师代表着权威，其地位甚至被提升到与"天""地""君""亲"一样的地位，因此有"天地君亲师"之说；学生作为知识的被动接受者，从教师那里获得知识和本领。可以说，学生的主体地位不是很难发挥的问题，甚至是没有的问题，这既不符合教育的规律，也不符合学生身心发展的规律。因此，当我们讨论生涯启蒙教育的时候，就需要把学生作为一个非常重要的主体来看待，因而对于人本性的思考就显得尤为重要。有学者从人性的角度对生涯启蒙教育进行了分析，认为人性是人之为人的自然属性与社会属性的本质交合。我们可以追寻人的先天自然基源，用自然法则来规定人的本性，又可以发展性地观察并探究人的后天社会生活，以社会环境的作用来论证人性的现实规定。生涯启蒙教育有其深厚的人性化价值追求，它作为儿童社会化成长的教育集合体，既要遵循生涯教育的特性，也要符合儿童的天性。伴随着社会变迁和环境变化，以及生涯教育思维和方法的不断完善，全面自由地实现儿童的生长价值的过程，是人性与社会性、趣味性与功利性、专一性与广泛性、认知与行为的"契合—失衡—调整—再契合"的曲折向上的过程。[1] 这对我们思考人本性与生涯启蒙教育的关系很有启

---

[1]　苏旭东，何伯锋.儿童生涯启蒙教育的人性圈囿与人性复归 [J].中小学德育，2017（7）：9—13.

发。笔者认为，对于生涯启蒙教育而言，没有人本性的讨论，生涯启蒙教育就丧失了内生动力和力量源泉。人本性是生涯启蒙教育的内生动力，主要表现在以下几个方面。一是承认和尊重儿童的主体地位。在中世纪，小孩，特别是贵族家的小孩，都是按照成人的标准和要求来养育的，因此有"小大人"之说。法国著名思想家、教育家卢梭对这种现象提出尖锐批评，并提出"研究儿童"的口号，他认为，"在万物中人类有人类的地位，在人生中儿童期有儿童期的地位，所以必须把人当人看待，把儿童当儿童看待。"① 儿童有儿童的经验，儿童有儿童的生活，不能用成人的生活替代儿童的生活，也不能用成人的要求来要求儿童。"研究儿童"的口号的提出，引发了教育史上一场深刻的教育革命，那就是作为教育最重要主体的儿童开始引起人们的重视，儿童不再是被动的知识接受者，儿童也有其主体地位。彼得斯（Peters）认为，教育"包含着知识和理解力以及某种具有活力的认知洞见，而且在传递程序上体现出对学习者自知和自愿的尊重。"② 二是遵循人的身心成长的规律。在承认儿童的主体地位的基础上，包括生涯启蒙教育在内，所有的教育都必须遵循儿童的身心发展规律。这是因为儿童不是被动的存在，而是一种能动的、自主的存在，儿童在生活中借助各种经验所形成的情感、态度、价值观等精神层面的需求是鲜活的、生动的、发展的、能动的，尊重其身心成长的规律是必然要求。更重要的是，儿童身心发展规律不是一成不变的，而是时刻变化的，教育不能忽视这一点，恩格斯曾指出："一个伟大的基本思想，即认为世界不是既成事物的集合体，而是过程的集合体，其中各个似乎稳定的事物同它们在我们头脑中的思想映

---

① Rousseau, Emile or On Education［M］. Every man's Library, London: J. M. Dent & Sons Ltd, 1933: 44.

② Peters R S. Ethics and Education［M］. London: George Allen & Unwin Ltd, 1966: 45.

像即概念一样都处在生成和灭亡的不断变化之中。"①三是把人作为生涯启蒙教育的最重要成分。正如上文分析的那样，生涯启蒙教育的"功利性""工具性""职业性"等问题，其本质都是没有把人的发展，特别是人的内在发展作为教育的最重要成分。卢梭认为，"人类的一切知识中最有用、但最不完善的知识就是关于人的知识。"②这一观点凸显了人的重要价值。对于生涯启蒙教育而言，"人是什么样的存在""人为什么要发展""人应该如何发展""人的发展是为了什么"，等等，对于这些问题的思考是包含生涯教育在内的"大教育"一直追寻的学理价值。四是把实现人的自主发展作为生涯启蒙教育的最终目的。马克思认为，"人双重地存在着，主观上作为他自身而存在着，客观上又存在于自己生存的自然无机条件之中"。③这就是所谓的人的双重属性，如何处理好人的发展与社会发展的关系，如何处理主观发展与客观发展的关系，如何在适应社会发展的同时，更好地实现自身作为主体性的发展，这都是生涯启蒙教育要认真考虑的价值层面的关系问题。

●四、生长性是生涯启蒙教育的基本立场

生长本来是一个生物学概念，是对一个生物发展状态的描述。把生长这一生物学概念引入教育领域，美国著名教育家杜威（John Dewey）是绕不过的人物。关于教育的本质，杜威提出了著名的"教育即生长"的观点，这一观点认为，"教育不是把外面的东西强迫儿童或青年去吸

---

① 马克思，恩格斯.马克思恩格斯全集（第4卷）[M].中共中央马克思恩格斯列宁斯大林著作编译局，北京：人民出版社，1979：239—240.
② 卢梭.论人类不平等的起源和基础[M].李常山，译.北京：商务印书馆，1979：12.
③ 马克思，恩格斯.马克思恩格斯全集（第46卷上）[M].中共中央马克思恩格斯列宁斯大林著作编译局，北京：人民出版社，1979：491.

收，而是需要使人类与生俱来的能力得以生长。"杜威的这一观点，一方面是对传统的把外在目的作为教育目的的观点的批判，特别是批判斯宾塞的"教育是为美好生活做准备"的观点。斯宾塞认为，教育是为未来生活做准备，未来的生活是美好的。而在杜威看来，未来的生活是不是美好姑且不论，把这样一个不确定的目标，而且还是外在目标作为教育的目的本身就是不合适的，更为重要的是，这一观点割裂了教育与生活的联系，割裂了教育与儿童经验的联系，这是完全不符合教育的要求和儿童的需求的。因此，杜威从教育与儿童生活关系的角度提出"教育即生长"，教育没有目的，生长就是教育的目的，就好像一棵大树，从小树苗生长开始，我们只需要给它提供合适的阳光、温度、水分，至于这棵小树苗到底长多高，我们不要给它限定目标，让它自然生长就可以了。可以看出，杜威把生长作为教育的目的，并不是说教育没有目的，更准确地说是教育不需要有外在目的，生长就是教育内在目的。在杜威"教育即生长"的命题中，生长的首要条件是未成熟状态，"未成熟状态就是有生长的可能性"[①]。正如杜威所言，"我们往往把未成熟状态只是当作缺乏，把生长当作填补未成熟的人和成熟的人之间的空缺的东西，这种倾向是由于用比较的观点看待儿童期，而不是用内在的观点看待儿童期。我们之所以仅仅把儿童期当作匮乏，是因为我们用成年期作为一个固定的标准来衡量儿童期。"[②]把生长性作为生涯启蒙教育的基本立场，主要想强调以下几点。一是生涯启蒙教育是生涯教育的基础阶段。美国心理学家舒伯认为，14岁之前是儿童职业幻想和职业探索的重要阶段，处于这个阶段的学生正处于身体、智力、情绪的发展时期，会产

---

① 约翰·杜威.民主主义与教育［M］.王承绪，译.北京：人民教育出版社，1990：10.
② 约翰·杜威.民主主义与教育［M］.王承绪，译.北京：人民教育出版社，1990：10.

生对未来职业角色的幻想，是职业意识的萌芽期。[①] 从教育的发展来看，生涯教育是其历史发展中的一部分，从生涯教育的发展来看，生涯启蒙教育是生涯教育的一部分，或者说是一个阶段。对于人的发展来说，生涯教育是一个连续的过程，小学阶段是生涯启蒙教育的重要阶段，小学生所形成的人生态度、生涯意识、职业观念、社会认知等，需要在中学甚至大学阶段不断深化、固化和内化。对小学生的生涯启蒙教育，要站在一个人整体发展和长远发展的角度来看，要站在教育的整体性和阶段性的立场来看，要放在社会不断变化的大背景下看，只有这样，小学阶段的生涯启蒙教育才会定位准确。二是人的内在发展是生涯启蒙教育的重要任务。生长性的基本前提是未成熟性，正因为未成熟，才有生长的各种可能性。对于小学生的发展而言，认知的发展、情感的发展、道德的发展有很大的空间，有很强的可塑性，教育需要做的是提供各种发展的机会和平台，充分调动儿童发展的各种可能性，激发儿童的潜力，把激发儿童内驱力作为教育最重要的任务，儿童一旦具备了这种内在的驱动力，发展就步入了快车道，因为这种内驱力可以把儿童的好奇心、求知欲、想象力、审美心等各种内在力量整合起来，形成一种无限的爆发力，他们从小便会对周围环境保持着不断的探索和热情，敢于尝试并在尝试中积累各种经验，并从中获得成就感，而这种成就感恰恰是生涯教育最为宝贵的品质。三是生涯启蒙教育必须与现实生活联系起来。杜威在"教育即生长"的基础上，提出了"教育即生活""学校即社会"等重要观点，这些观点的共同特征就是强调教育与现实生活的联系，强调教育与儿童经验的联系，这对于生涯启蒙教育非常重要。对于生涯启蒙

---

① 孔春梅，杜建伟.国外职业生涯发展理论综述［J］.内蒙古财经大学学报：综合版，2011（3）：5—9.

教育而言，就是要让学生通过接触真实的社会，体验真实的活动，理解社会的意义，掌握社会运行的规律，形成对社会的全面的认知。这就需要学生走出校园走向社会，利用资源丰富自己的社会实践，更好地了解自己，发展自己的兴趣，从而更好地规划自己的生涯。四是生涯启蒙教育要充分尊重人的发展的差异性。人的发展是一种基于个体自身基础和经验积累的发展，每个人的发展都是不一样的。而生涯发展过程是"人—世界"在价值观方面的主观调整、不确定预期、动态调整与改变、期望实现的过程。① 这也就意味着，人的生涯过程具有很强的个体性。小学生生涯启蒙教育的主体是小学生，每一名小学生的个性特质、需求偏好是不一样的，而简单划一的职业生涯教育势必无法符合小学生的"口味"。为满足小学生职业生涯教育的个性需求，就必须对他们的职业生涯教育采用因材施教的方法。不仅要尊重每一名小学生的职业生涯教育的教育权利，而且要努力满足他们职业生涯教育的教育需求，即小学生对自身全面发展所具有的美好憧憬。②

●五、协同性是生涯启蒙教育的必然要求

所谓协同，是一个系统论概念，"是表现系统内部各要素之间相互作用的一种特殊方式，协同不仅强调几个要素在同一时刻具有各自不同的地位、不同的角色和不可替代的功能，而且强调这几个要素之间通过协调、同步、合作、竞争、互补的作用进而产生新的结构和功能，以实现期望目标"。③2021 年 3 月发布的《中华人民共和国国民经济和社会

---

① 苏旭东，何伯锋.儿童生涯启蒙教育的人性圈囿与人性复归［J］.中小学德育，2017（7）：9—13.
② 孙福胜，杨晓丽.小学生职业生涯教育的人学思考［J］.教学与管理，2020（12）：11—13.
③ 王薇.构建家校协同机制的实证研究［J］.上海教育科研，2015（2）：72—76.

发展第十四个五年规划和 2035 年远景目标纲要》提出，构建覆盖城乡的家庭教育指导服务体系，健全学校家庭社会协同育人机制。①2021 年 7 月颁布的《中共中央办公厅 国务院办公厅关于进一步减轻义务教育阶段学生作业负担和校外培训负担的意见》提出，要完善家校社协同机制，强调办好家长学校或网上家庭教育指导平台、社区家庭教育指导中心、服务站点等保障力量。②2021 年 10 月颁布的《中华人民共和国家庭教育促进法》(以下简称《家庭教育促进法》)，在法律层面规定了家庭、国家、社会三个主体的责任，也标志着家庭教育由"家事"上升为"国事"。③2022 年党的二十大报告明确提出：健全学校家庭社会育人机制、加强家庭家教家风建设。2023 年 1 月，教育部等十三部门联合印发《关于健全学校家庭社会协同育人机制的意见》，明确了学校、家庭、社会在协同育人中的各自职责定位及相互协调机制。可以说，对于教育而言，家校社协同共育已经上升为国家战略，生涯启蒙教育要真正落地见效，家校社融通共促是必然选择。首先，家庭教育在生涯启蒙教育中发挥基础作用。习近平总书记指出，家庭是人生的第一所学校，家长是孩子的第一任老师。从某种程度上讲，家庭教育是一切教育的基础。我国自古以来就重视家风家教，从《孔子家语》到《颜氏家训》，再到《朱子家训》《曾国藩家书》，无不体现家教家风的重要。家庭教育是孩子最早接受的教育，《颜氏家训·勉学》讲到，"人生小幼，精神专利，

① 中华人民共和国中央人民政府. 中华人民共和国国民经济和社会发展第十四个五年规划和 2035 年远景目标纲要〔EB/OL〕.（2021-03-13）〔2022-12-12〕. https://www. gov. cn/xinwen/2021-03/13/content_5592681. htm.
② 中共中央办公厅 国务院办公厅. 关于进一步减轻义务教育阶段学生作业负担和校外培训负担的意见〔EB/ OL〕.（2021-07-24）〔2022-12-12〕. https://www. gov. cn/zhengce/2021/07/24/content_5627132. htm.
③ 边玉芳. 传统"家事"上升为新时代的重要"国事"："双减"背景下全社会如何支持家长为促进儿童健康成长而教〔J〕. 人民教育，2021（22）：26—30.

长成已后，思虑散逸，固须早教，勿失机也"。强调要及早施教，而孩子的早期教育主要是依靠家庭教育，孩子与父母之间天然的血缘关系，使孩子出生之后即接受自然而然的家庭教育，父母言行举止、喜怒哀乐都能对婴幼儿产生潜移默化的熏陶感染作用。可以说，家长是子女终身的老师。从效果上看，家庭教育的影响是一种潜移默化的影响，这种影响可能不会产生立竿见影的效果，但会深刻地影响人的一生。因此，离开了家庭教育的基础性作用，生涯启蒙教育显然是苍白的，甚至生涯启蒙教育，因为真正的教育"启蒙"一定是从家庭教育开始的。其次，学校教育在生涯启蒙教育中发挥主导作用。2021年7月印发的《中共中央办公厅　国务院办公厅关于进一步减轻义务教育阶段学生作业负担和校外培训负担的意见》再一次明确，"着眼建设高质量教育体系，强化学校教育主阵地作用"。对于生涯启蒙教育而言，相比较家庭教育的基础作用而言，学校教育发挥着主导作用。学校因为有专业的教师开展教育教学活动，所以学校教育成为学生生涯启蒙教育的主阵地。相比于家庭教育和社会教育而言，学校的教师不仅接受过专业的训练，也有丰富的教育教学经验，更为重要的是，教师把培养人作为自己的主责主业，作为自己的专业使命，作为自己的职业追求，这是学校教育主导作用发挥的重要体现。相比于家庭教育课程内容的生活化和社会教育课程内容的随意性，学校教育的课程，包括生涯启蒙教育的课程，都是经过系统设计和科学论证的，无论是课程目标还是课程内容，无论是课程实施还是课程评价，都是全面而系统的，更为重要的是，学校教育把课程建设作为育人的生命线，作为学校教育质量提升的关键要素之一。当然，学校教育要发挥主导作用，光靠学校教育本身是远远不够的，学校教育的一个显著优势就是调动各方资源来实现育人的目标。为此，学校需要形成一个大课程观，把学校放在一个大的社会背景下去办学，在课程中专门安排时间让学生走出校园，到社会场馆和企事业单位参加社会实践，并纳入学生综合素质评价之中。最后，社会在生涯启蒙教育中发挥支撑作用。生涯启蒙教育是需要载体的，学校的课程是重要的载体，但没有社会载体的参与，学校课程更多是一种关于生涯启蒙的教育，或者说关于生涯、职业知识的教育。在生涯启蒙教育领域，社会教育可以发挥无可比拟的优势，这是学校教育和家庭教育都无法替代的。很多人讨论教育的时候，会把社会教育自然忽略，或者对社会教育的作用和价值很少提及，这一方面是因为社会教育是一种无形的教育、隐性的教育，其作用的发挥不是那么显而易见，另一方面也是因为人们对社会教育的价值严重低估了。实际上，社会教育虽然缺乏计划性和连续性，但无处不在，随时发生，它的丰富性、广阔性、多样性、多变性、深刻性、复杂性、生动性远非学校教育和家庭教育可比。社会教育的载体支撑表现在两个方面，一方面，社会教育提供了各种丰富的职业岗位供学生体验和锻炼，这些岗位是真实的，因而学生的体验也是真实的，这就保证了生涯启蒙教育的效果；另一方面，社会教育是各种人员相互协作、相互支持、相互作用的复杂载体，学生可以体验与不同职业的人交流的过程，生成对各种职业岗位的真实认知。当然，对生涯启蒙教育来说，社会教育需要加强资源的整合和教育的引导，需要协调整合社会教育力量来培养学生积极参加社会活动的能力，让分散的、自发的社会影响真正在孩子身上发生持续的作用。

第三章

融创共生:
生涯启蒙教育的理论体系

生涯启蒙教育是主体与客体相互作用的过程，也是生物性与社会性共生的过程。对于儿童的生涯成长而言，生涯启蒙教育对内需要立足于个体差异，观照个体自主发展的特性，激发儿童的主观能动性；对外需要观照儿童"生物性—社会性"的不断产生、不断解决、螺旋上升、动态平衡的张力状态。这考验着生涯启蒙教育促进儿童身心完善和激发社会化发展的重要使命的适配度，内外相关因素的耦合度越高，儿童的社会适应性就越强。[①]杭州采荷第三小学教育集团（简称"采三"）以"家校社融通"为抓手，结合生涯启蒙教育的生涯认知、生涯体验、生涯设计和生涯准备等方面，通过开发整体性课程群、筹建课程资源库、组建课程共同体，并借助多方力量，融合开展具有高社会性的实践活动，让生涯教育从零散走向系统，唤醒学生的自我意识，让学生真正了解自己的优势、不足、兴趣等，形成积极、开放、适切的生涯素养。

■ 第一节 生涯启蒙教育的理论基础

生涯教育是结合学生的生涯发展特点和需求，运用生涯的理论和技术，通过各种途径和方法解决学生生涯困惑，促进学生生涯发展的专门性教育活动。[②]从生涯启蒙教育的角度讲，要让学生的生涯发展更灵活

---

① 苏旭东，何伯锋．儿童生涯启蒙教育的人性圈囿与人性复归［J］.中小学德育，2017（7）：9—13.
② 陈宛玉．高中生涯教育的七个核心问题辨析［J］.江苏教育，2018（72）：41—42.

地适应社会需求，更敏锐地应对发展机会，更自主地设计发展路径，就需要相关理论的指导。近些年，生涯适应、生涯建构以及生涯设计等理论的不断推陈出新，较好地回应了时代需求，让个体充分意识到生涯发展是一个主观自我与外部世界不断碰撞、相互适应且自主设计的过程。① 对于生涯启蒙教育的理论阐释，我们需要抓住两个关键词，一个是"教育"，一个是"生涯"，只有这样，才能比较全面地形成对生涯启蒙教育的理论认知，也能更好地指导生涯启蒙教育的实践。

一、马克思主义关于人的全面发展理论

习近平总书记在全国教育大会上指出，要努力构建德智体美劳全面培养的教育体系，形成更高水平的人才培养体系。我国是社会主义国家，我国的教育目的是培养德智体美劳全面发展的社会主义建设者和接班人，这一教育目的既规定了人才培养的性质是"社会主义建设者和接班人"，也规定了人才培养的规格是"德智体美劳全面发展"，这一教育目的以马克思主义关于人的全面发展理论作为理论基础。

首先，马克思主义对人的本质进行了界定。"人的本质不是单个人所固有的抽象物，在其现实性上，它是一切社会关系的总和。"② 这是马克思主义关于人的本质的经典表述，也就是说，马克思主义认为，人的本质是人的社会性，这与人的生物性是相对的，人的本质在于其特定的社会关系。马克思认为，"当人开始生产自己的生活资料，即迈出由他们的肉体组织所决定的这一步的时候，人本身就开始把自己和动物区别

---

① 顾雪英，魏善春.新高考背景下普通高中生涯教育：现实意义、价值诉求与体系建构［J］.江苏高教，2019（6）：44—50.
② 高放，高哲，张书杰，等.马克思恩格斯要论精选（增订本）［M］.北京：中央编译出版社，2016：18.

开来。人们生产自己的生活资料，同时间接地生产着自己的物质生活本身。"① 我们培养的人是"社会主义建设者和接班人"，这正是人的社会性的体现。对于生涯启蒙教育而言，正是指向人的社会性，把人适应社会发展的需要作为重要目的，这就是人的社会性对教育提出的要求，也是人的社会性在教育领域的反映。

其次，马克思主义认为，人的全面发展指的是人的劳动能力的全面发展。这里的劳动既包括脑力劳动，也包括体力劳动，这就从根本上否定了传统观念的所谓"劳心者治人，劳力者治于人"。陶行知先生说："人生两个宝，双手和大脑。用脑不用手，快要被打倒。用手不用脑，饭也吃不饱。手脑都会用，才算是开天辟地的大好佬"。② 这种手脑并用才是教育的追求。对于生涯启蒙教育而言，就是要通过课堂学习和社会实践，通过知识学习和社会体认，实现手脑并用，知行合一。

再次，实现人的全面发展的唯一途径是教育与生产劳动相结合。教育与生产劳动相结合，其形式主要是指"（技术）教育要使儿童和少年了解生产各个过程的基本原理，同时使他们获得运用各种生产的最简单的工具的技能。"③ 毛泽东曾经指出："教育必须为无产阶级政治服务，必须同生产劳动相结合。"④ 邓小平也曾指出："为了培养社会主义建设需要的合格的人才，我们必须认真研究在新的条件下，如何更好地贯彻教育与生产劳动相结合的方针。"⑤ 2021 年 4 月 29 日第十三届全国人民代表大会常务委员会第二十八次会议通过的《中华人民共和国教育法》

① 中共中央马克思恩格斯列宁斯大林著作编译局.马克思恩格斯选集：第一卷［M］.北京：人民出版社，2012：147.
② 中国陶行知研究会.陶行知教育思想研究文集［M］.北京：人民教育出版社，1985：106.
③ 高放，等.马克思恩格斯要论精选［M］.北京：中央编译出版社，2016：426.
④ 毛泽东.毛泽东论教育革命［M］.北京：人民出版社，1967：11.
⑤ 邓小平论教育［M］.第三版.北京：人民教育出版社，2004：69.

将第五条修改为："教育必须为社会主义现代化建设服务、为人民服务，必须与生产劳动和社会实践相结合，培养德智体美劳全面发展的社会主义建设者和接班人。"再一次强调社会主义教育的本质要求是教育与生产劳动和社会实践相结合，因为这是实现人的全面发展的唯一途径。人的全面发展理论作为马克思主义在教育领域的科学理论，对小学生生涯启蒙教育具有重要的指导作用。小学生的生涯启蒙教育要以人的全面发展为基本指向，把人的全面发展贯穿到生涯启蒙教育的各个方面。这里需要说明的是，马克思主义关于人的全面发展理论，是人的全面发展与个性发展的统一，在强调人的发展的同时，从来不否认人的个性发展，相反，特别强调人的个性化发展，是人的全面发展与个性发展的统一。所谓人的全面发展，指的是有个性的全面发展或者说在全面发展基础上的个性发展。生涯启蒙教育的最终目的也是培养全面发展的人，要特别处理好人的全面发展与个性发展的关系，在尊重学生个性差异的基础上，促进学生的生涯发展。

二、爱普斯坦的交叠影响域理论

20 世纪 80 年代末，美国约翰·霍普金斯大学爱普斯坦（Joyce L. Epstein）教授提出的交叠影响域理论，以关怀为核心，构建了家庭、学校、社区相互合作的新型理论范式和实践机制。经过几十年的发展和完善，交叠影响域理论在实践中产生了广泛影响。爱普斯坦认为家庭、学校、社区应具有相同的目标、承担共同的责任，三方对学生的成长会产生相互交织的影响。[①] 家校社三者之间高质量、高效率的沟通与互动可

---

① 吴重涵. 从国际视野重新审视家校合作:《学校、家庭和社区合作伙伴: 行动手册》中文版序 [J]. 教育学术月刊, 2013 (01): 108—111.

以促使学生在多元的视角下获取发展的内在动力，促进自我发展。①

交叠影响域理论分为外部与内部两个模型。外部模型（如图 3-1）主要阐述的是以学生为中心的成长环境学生的成长有家庭、学校、社区三个主要的环境，三方可以彼此分开对学生的发展产生独一无二的价值，也可以彼此协同对学生的成长产生综合性的影响。视活动性质而定，有些活动离不开家、校、社协作配合，以最大限度地利用各方资源，发挥教育合力；有些活动则需要三者分离而行，发挥各自对于学生的独特影响。根据家庭、学校与社区彼此交叠的影响不同，活动的条件、效果等也会产生差异。同时，在家庭、学校和社区互动合作的外部模型中，三者各自对学生影响力的大小会受学生的年龄、年级及与之相应的教育活动等影响而处于动态的变化之中。②

内部模型（如图 3-2）是建立在外部模型基础之上的，同样是将学生视为家校社合作育人的核心，主要阐明家校社之间的相互交织关系以及对学生的影响机制。内部模型着眼于解释家庭、学校和社区之间如何建立起复杂且必要的人际关系和影响模式。家庭、学校和社区之间的联系和互动主要从两个层面来加以实现——机构层面（如学校邀请所有家庭来参加活动或向所有家庭推送信息）和个体层面（某位家长或教师面对面或电话交流），并且在互动时皆以学生为重要"他者"，怀有共同的"利他"目标。在内部模型中，三种环境共同负有对学生的教育责任或影响力，且这种影响力是交叠并持续不断累积的。但学校作为教育发挥影响力的制度化机构，在协调家、校与学生的关系中起主导作用，其更

① 唐汉卫.交叠影响阈理论对我国中小学协同育人的启示 [J].山东师范大学学报：人文社会科学版，2019，64（4）：102—110.
② 唐汉卫.交叠影响阈理论对我国中小学协同育人的启示 [J].山东师范大学学报：人文社会科学版，2019，64（4）：102—110.

应关心彼此之间的联系与合作，以发挥教育合力。[①]

　　另外，爱普斯坦把家校社协同育人活动总结为六种参与形式，即做好家长、双向交流、义工服务、在家学习、做出决策、与社区协作，为家校社协同推进高中生生涯教育提供了更为明确的行动指导。交叠影响域将学生置于教育的中心位置，通过家庭、学校、社区之间高质量、高效率的沟通交流，使学生在多元思维中获取自我发展的内在动力，促进自我实现。[②]交叠影响域理论对生涯启蒙教育的重要启示是，学生的生涯意识、职业规划受到学校、家庭、社会三个方面的影响，而且这三个方面相互作用，对生涯启蒙教育都会产生非常重要的影响，因而需要家校社协同共育。

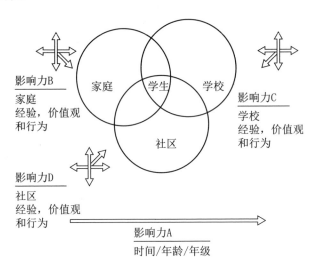

图 3-1　交叠影响域的外部模型

资料来源：《学校、家庭和社区合作伙伴：行动手册》，江西教育出版社，2012 年第 2 版。

---

① 唐汉卫. 交叠影响阈理论对我国中小学协同育人的启示［J］. 山东师范大学学报（人文社会科学版），2019，64（4）：102—110.
② 罗颖，曹宇. 交叠影响域理论视野下家校社协同生涯教育研究［J］. 教学与管理，2023（27）：65—70.

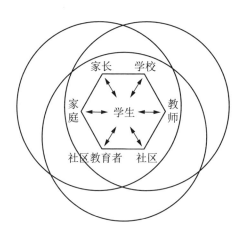

图 3-2　交叠影响域的内部模型

资料来源：《学校、家庭和社区合作伙伴：行动手册》，江西教育出版社，2012 年第 2 版。

◆三、萨维科斯的生涯建构理论

美国东北俄亥俄大学医学院家庭与社区医学系教授萨维科斯（Mark Savickas）2002 年提出生涯建构理论。该理论受到人职匹配理论影响，并把舒伯的理论做了一个创新，关注某个阶段个体如何适应不同职业，如何将工作融入生活中。

生涯建构理论是对生涯发展的一种新理解，是社会建构主义在生涯发展领域中的体现。建构是个体用来解释世界的方式。个人是其经验的组织者，每个人都以自己独特的方式来看待自己所处的世界，因而也会以独特的方式来看待自己的各种生涯角色及其生涯发展轨迹。生涯建构理论强调了个体与环境的交互作用。个体会对自己过去的记忆、当前的经验和未来的抱负进行意义解释，并与学校环境、家庭环境、社会环境等外界因素相整合，最终决定选择的方向。生涯建构的过程被视为个体将自我概念融入社会角色之中的一系列尝试，个体会根据内在的自我概念系统，对承载着不同要求和期望的角色进行协调与整合，使各个层面的生涯角色成为一个有机的整体。[①] 当个体认为自己所要追求的角色无法获得时，会主动地进行自我调节，以解决自我概念与环境中现有的机会之间的冲突，使两者重获和谐的关系。因此对生涯发展的关注点应在于个体对各种变化的适应情况，如从学校进入工作世界、组建家庭、改变工作与职业等事件带来的社会角色的变化。[②] 这是一个积极能动的过程，是在适应—不适应—适应、平衡—不平衡—平衡的循环中不断进行内外的调整，以实现与环境动态的协调，进而追求成长与发展的过程。[③]

"适应"指个体与其赖以生存的环境条件相适合的现象。在生涯建构理论的视野下，适应被视为个体在解决不熟悉的、复杂的、结构不良的生涯问题时调动个人心理资源的过程，可以被具体化为五种类型的行为：定向、探索、确立、管理和卸任，[④] 这与舒伯所提出的生涯发展阶段具有外在的一致性。但舒伯也认为，人在面临任何一个变迁或生涯变化的过程中，也必然经历"成长—探索—建立—维持—卸任"五个环节，从而形成了一个"小周期"。[⑤] 这种观点把适应的微观过程与人的生涯发展的宏观过程有机地结合起来，并且突出了适应力在个体生涯发展过程中的关键作用。

① 朱凌云. 生涯适应力：青少年生涯教育与辅导的新视角 [J]. 全球教育展望，2014，43（9）：92—100.

② Savickas, M. L. The theory and practice of career construction [M]// In S.D. Brown & R.W. Lent (Eds.), Career development and counseling: Putting theory and research to work. Hoboken, NJ: John Wiley & Sons, 2005：42—70.

③ 俞国良，曾盼盼. 心理健康与生涯规划教育研究 [J]. 教育研究，2008（10）：63—67.

④ Savickas, M. L. The theory and practice of career construction [M]. In S.D. Brown & R.W. Lent (Eds.), Career development and counseling: Putting theory and research to work. Hoboken, NJ: John Wiley & Sons, 2005：42—70.

⑤ 金树人. 生涯咨询与辅导 [M]. 北京：高等教育出版社，2007：79.

生涯建构理论是建构主义在生涯教育领域的反映，其对生涯启蒙教育的启示是，人的生涯发展是一种自我建构的过程，这种建构主体与客体交互作用的过程与结果，特别强调人的生涯发展的社会建构，即强调社会对人的生涯发展的影响。

四、陶行知的"生活教育"理论

陶行知是我国伟大的人民教育家、思想家，陶行知的生活教育理论来源于杜威提出的"教育即生活""学校即社会"等观点。但陶行知不是简单吸收，而是结合当时中国的国情和教育现状，创造性地发展了杜威的教育思想，提出了"生活即教育""社会即学校""教学做合一"等重要的教育思想，构成了"生活教育"理论的完整体系。

"生活即教育"包含两层基本含义：第一，生活决定教育，是教育的中心，教育来源于生活。教育随着生活的变化而发展。第二，教育对生活具有反作用，即能够改造生活，生活需要通过教育才能发出力量。教育应当为生活服务，促进生活向前向上发展，不应该消极地适应生活。

陶行知先生指出"社会即学校"——社会本身就是学校，整个社会便是一个大学校。这是生活教育在空间上的扩展。一是生活教育的范围不局限于学校，而是在整个社会。是借助学校教育的形式，与家庭教育、社会教育结合起来的整体教育，是"活"的教育。二是"社会即学校"使读书的教育变成"行动"的教育。陶行知先生提出五种教育目标"健康的体魄、农夫的身手、科学的头脑、艺术的兴味、改造社会的精神"。三是"社会即学校"使教育对象从"小众"变为"大众"的教育。晓庄师范在摸索过程中便开发了很多实施生活教育的对策，如通过市集、茶馆、码头、车站、戏园、电影院等生活场所来实行流动式的教育。

"教学做合一"是生活教育理论的方法论，是对教学方法的阐释，也是实施方法。陶行知说，"教学做合一是全人类教育历程之真相，无论男女老少，丝毫没有例外。"①"先生拿做来教，乃是真教；学生拿做来学，乃是实学。不在做上下功夫，教不成教，学也不成学。"②教学以做为中心，教、学、做合并在一起，成为一件事的三个方面。"教的法子根据学的法子；学的法子根据做的法子。事怎样做便怎样学，怎样学便怎样教。教与学都是以做为中心。""文化进步，是没有止境的；世界环境和物质的变化，也是没有一定的。活的教育，就是要与时俱进。我们讲活的教育，就要随时随地的拿些活的东西去教那活的学生，养成活的人材"。③先生的责任不在教，而在教学，在教学生学。

陶行知的"生活教育"理论对小学生生涯启蒙教育具有非常重要的指导意义。陶行知先生说："教育的目的，在于解决问题，所以不能解决问题的，不是真教育。不能解决国难问题的，尤其不是真教育"④"不能把坏的环境变好，好的环境变得更好，即读百万卷书有何益处？"⑤实际上，生涯启蒙教育所倡导的主动参与、乐于探究、勤于动手、知行合一、社会参与、社会实践等，与陶行知先生所倡导和践行的"生活即教育""社会即学校"的理念是非常一致的，生涯启蒙教育就是要走出校园、走向社会，把学校小课堂与社会大课堂有机结合起来，促

① 梁晓凤.陶行知教育改革思想研究［M］.杭州：浙江工商大学出版社，2009：58.
② 梁晓凤.陶行知教育改革思想研究［M］.杭州：浙江工商大学出版社，2009：206.
③ 方明.陶行知全集：第1卷［M］.2版.成都：四川出版社，2009：345.
④ 方明.陶行知全集：第3卷［M］.2版.成都：四川出版社，2009：426.
⑤ 方明.陶行知全集：第2卷［M］.2版.成都：四川出版社，2009：232.

进生涯启蒙教育的有效实施。

第二节　生涯启蒙教育的理念与目标

生涯启蒙教育是一种面向全体学生、指向人的全面发展的教育，生涯启蒙教育要在育人理念的指引下，关注个体的学业、生理及心理等各方面的需求，满足学生个性化发展需要，着眼于个体未来发展、终身发展和适应社会的发展，充分调动学生的主观能动性，唤醒并激发个体对学业、人生、职业、生活、社会及国家的感知力和道德心，形成一种终身受用的认识自我、发展自我、服务社会的正确价值观、必备品格和关键能力。

一、生涯启蒙教育的价值理念

理念是行动的先导，生涯启蒙教育的有效实施，离不开先进理念的指导。在遵循教育规律的前提下，经过学校多年的实践，我们的生涯启蒙教育形成了以下价值理念。

（一）面向人人，实现全面发展

教育的对象是人，教育的所有思考与行动都指向人的发展。《中国教育现代化2035》提出了推进教育现代化的八大基本理念：更加注重以德为先，更加注重全面发展，更加注重面向人人，更加注重终身学习，更加注重因材施教，更加注重知行合一，更加注重融合发展，更加注重共建共享。中共中央、国务院印发的《深化新时代教育评价改革总体方案》也明确指出，要坚持以德为先、能力为重、全面发展，坚持面向人人、因材施教、知行合一。可以说，"面向人人、全面发展"已经成为新时代教育发展的核心理念之一。因此，小学阶段的生涯启蒙教育也要坚持"面向人人、全面发展"的理念。

所谓面向人人，指的是生涯启蒙教育作为一种基础性教育、普适性教育，要把全体学生作为教育的对象，而不是只针对部分学生，更不能根据学生的学业成绩来选择教育对象。面向人人的理念一方面反映了生涯启蒙教育的基础性作用，另一方面也反映了生涯启蒙教育对每一个儿童都是重要的。从教育公平的角度而言，面向人人也体现了对教育对象的公平性。

所谓全面发展，指的是生涯启蒙教育不单是一种职业启蒙教育，更不是一种职业技能训练，而是一种更为广泛的人的发展的教育。这里的"人的发展"包括人如何认识自己、认识社会，如何实现个性发展与社会性发展的统一，如何实现认知发展与行为发展的统一，如何实现个人发展与服务社会、服务国家的统一。所有这些，都不是简单的职业发展所能包括的。

通过生涯启蒙教育，让我们的学生形成正确的人生价值观，获得学习和发展的能力，能够很好地认识社会并建立良好的人际关系，为终身发展奠定良好的基础，这些都是生涯启蒙教育的重要任务。生涯启蒙教育对于改变人的本性、帮助人提升劳动能力和创造能力、培养发达的劳动力和专门的劳动力、创造新的生产力等具有重要的作用，即明确了职业生涯教育的目的就是培养高素质、专业化、创新型的人才和创造新的生产力。[①] 从某种程度上讲，生涯启蒙教育是一种人性教育，一种儿童哲学教育，让我们的孩子思考"我从哪里来""我是谁""我要到哪里

---

① 孙福胜，杨晓丽.小学生职业生涯教育的人学思考［J］.教学与管理，2020，（35）：11—13.

去""我如何有意义地度过自己的一生"等哲学命题的教育。

（二）着眼自主，促进自我觉醒

舒伯的职业生涯发展理论提出，小学阶段的主要目标是引导学生考虑将来和增加个人对生活的控制。生涯教育是用生命影响生命的教育，生涯教育的主体在生涯教育中起着关键发动者和重要引领者的作用，所以在生涯教育中要重视发挥学生的自主性。[①]学生才是生涯启蒙教育的主角，小学阶段的生涯启蒙应该是一场着眼于未来的心灵对话，让学生能接纳自己，认识自己，从而对自己形成一个相对清晰的自我认知。从某种程度上讲，生涯启蒙教育最基本、最重要的任务之一是让学生树立一种观念，即"认识我自己""持续认识我自己"，让自我认知成为生涯启蒙的基本认知；养成一种思维习惯，即自己目前是怎样的一种状态，这种状态对于自身发展的优势和不足是什么；在不断变化的社会中面对不确定的问题，如何基于自身实际，做出正确的、适切的判断和选择。生涯启蒙教育要让学生学会一种自主的能力，学会自我探索、自我认知、自我学习、自我发展，养成一种发展的思维，锻造以发展的眼光解决生涯问题的能力。生涯启蒙教育的施教主体是学校，是家长，但生涯启蒙的第一责任人和受益人永远是学生个人，生涯启蒙教育就是要让学生明白，自己的事情要自己做，自己的人生要自己规划好，自己的发展要依靠自己的力量解决。生涯启蒙教育要从学生个体情况出发，在实践中体验、感知，由此提升自我认知，进行未来规划。从培养学生核心素养的角度看，自主发展是核心素养的重

① 陈宛玉，张文龙，叶一舵. 数字化时代生涯教育的理念转型与路径革新［J］. 苏州大学学报（教育科学版），2019，7（02）：55—61.

要方面，也是一个人发展的重要基础，更是一个人终身发展和适应社会发展的重要条件。因此，在设计生涯启蒙教育上要注重学生的自主性，尊重学生的自主选择。由此，我们开设了基于自主选择的走班式拓展性课程，如烘焙、女红、摄影等，供学生自由选择，由此，激发学生的自我意识。

（三）创新融通，形成育人合力

陶行知先生提出"生活即教育"，反对孤立的、单独的学校教育，提倡将生活和社会都视为教育不可分割的部分。生涯启蒙的目的就是为了让学生今后能更好地适应社会生活，因此，在小学阶段开展生涯教育学校要遵循融通性，要融合社会力量，将专业的人员请进学校，带学生走进专业的场所。人的发展具有整体性和统一性，人的发展受到家庭、学校、社会各种因素的影响。教育中有一个非常重要的原则，就是教育影响的一致性和持续性原则，这一原则告诉我们，人的发展，包括生涯发展需要家庭、学校和社会的共同努力，只有三者目标一致，形成育人合力，才能做到教育影响的一致性。

从教育的起源来看，有了人类，就有了教育，教育伴随人类的始终，教育也伴随一个人的一生。很多时候，人们会把教育理解为学校教育，认为学生的成长、学生的未来发展都是学校教育的责任，这种观点不仅放大了学校教育的育人边界，也消解了家长家庭教育的主体责任，对学生的成长是非常不利的。人所接受的教育不仅包括有组织、有计划的学校教育，也包括家庭教育与社会教育。学校、家庭、社会协同育人是新时代教育发展的必然要求。

从生涯启蒙教育的结果来看，如果家长、社会和学校在生涯启蒙教育的目标和教育过程中出现不一致的地方，必然会影响生涯启蒙教育的效果。对于生涯启蒙教育而言，我们现在要做的就是，一方面要更加发挥学校教育在生涯启蒙教育中的主导作用，更加注重与家长、社区的联动，更加强化家庭教育指导责任，另一方面，也要防止甚至抵制社会功利化、工具化等不良风气的影响，推动全社会营造一个协同共育的良好氛围。

（四）强调实践，提升综合能力

教育的灵魂是生活和经验，教育源自生活实践，倘若离开了生活实践，就没有了教育。正如有学者指出的那样，通过家庭和学校环境中关键人物的影响，他们（学生）开始产生自我的概念，用各种不同的方式和渠道表达自己的需要，不断地对现实世界进行尝试，逐渐形成对工作和工作意义的初步理解，同时修饰自己的角色。随着生理和心理的不断成熟，他们个人的兴趣爱好、能力、价值观等也会反映到职业的选择上。[1] 而所有这些，都需要一种基于生活、来源于生活，也最终服务于生活的实践。

笔者认为，做好小学阶段的生涯启蒙教育，实际上是完成了三个"剖析"：一是对自我的剖析，即认识自己，认识人与自我、与他人、与社会的关系；二是对社会发展规律的剖析，即认识社会发展的历史，认识人适应社会的要求；三是对一份职业或一个行业的剖析，即认识职业，认识职业的社会意义，认识职业对社会发展的价值。对于学生而言，无论是对自我的剖析、社会的剖析，还是对一份职业的剖析，都应

---

[1]　李敏，潘晨. 美国纽约州小学和初中阶段生涯教育研究［J］. 河北师范大学学报（教育科学版），2015，17（6）：83—87.

该源于生活，来源于实践，来源于体验，只有在实践中，才能真正体验到社会发展的脉搏，才能真正体验到职业发展的动力，也更能真正体验到自身发展的潜能和力量。因此，在选择生涯启蒙教育的内容时，需要注重学生亲自去经历和体验各种活动。如果说生涯启蒙教育是一种综合性的教育领域，指向一个人的综合素养的提升的话，那么唯有实践，才可以提升学生的综合素养。《义务教育课程方案（2022年版）》指出，倡导"做中学""用中学""创中学"，强调要发挥实践的独特育人功能。陈鹤琴先生的"活教育"思想特别强调，教育要"着重于室外的活动，着重于生活的体验，以实物作研究对象，以书籍作辅佐参考。换一句话说，就是注重直接的经验"。他明确指出："这种直接的经验是使人进步的最大力。"① 当然，陈鹤琴先生从来不否认教室里的学习，而是更注重室外的体验所获得的经验，陈鹤琴先生的这一观点，对生涯启蒙教育来说非常重要。

（五）奠基赋能，注重持续发展

生涯启蒙教育既然是一种"启蒙"教育，在整个生涯教育中必然扮演着基础作用，这意味着生涯启蒙教育是一种为学生的终身发展奠基的教育，是为学生的人生发展赋能的教育。

一是生涯启蒙教育是一种指向学生基础素养培育的教育，小学的生涯教育能够帮学生从小学开始树立起关于各种职业的价值观念，培养学生的职业意识和自我意识，增进他们对不同职业的了解，并通过生涯教育的过程提高学生对兴趣的认识并帮助学生将其与未来职业相联系，进

① 成尚荣. 伟大心灵的时代回响（上）——五位现当代教育家教育思想对核心素养教育的启示［J］. 教育研究与评论，2017（5）：81—93.

而对学习兴趣的提高和成就动机的增强均有裨益。狠抓小学阶段的生涯教育，对学生以后的生涯教育也会起到事半功倍的作用。①

二是生涯启蒙教育是一种指向学生未来发展的教育。如果把教育看作一种生长的话，生涯启蒙教育就是生涯发展的初始阶段，这也就意味着，我们要用发展的眼光看生涯教育与人的发展的关系，要遵循学生身心发展规律，顺应学生天性，立足学生最近发展区，从学习兴趣、学习方法、合作能力等方面入手，注重体验、激励、启发、引导、评价，促进学生主动而积极地参与职业生涯实践活动，为未来的可持续发展积累养分、奠定基础。

三是生涯启蒙教育是一种指向学生自主发展的教育。生涯教育的本质是让学生自主发展，自主发展的动力来源于学生的内在需求，因而，学生是生涯教育的主体，唤醒其生涯发展的主动性是生涯教育的关键，特别是在现在的信息时代。有研究者认为，数字化时代学生获取生涯资讯更为便利，学习方式更为个性化，学习交流更为便捷，这些改变凸显了学生学习的主体性，有助于唤醒学生生涯规划意识，促使其更为关注个体生涯发展并主动做好个人生涯规划。②简言之，生涯启蒙教育不可能包办人的一生的发展，但可以培养学生自主发展的意识和能力，不是"授人以鱼"，而是"授人以渔"。

●二、生涯启蒙教育的目标确定

从人的生物性本能而言，无论是否进行生涯规划，人都会有一个自

① 魏泽，万正维，钟基玉.中国大陆地区小学生涯教育现状分析与对策建议［J］.教育与教学研究，2013（12）：12—14，17.

② 陈宛玉，张文龙，叶一舵.数字化时代生涯教育的理念转型与路径革新［J］.苏州大学学报：教育科学版，2019（2）：55—61.

然生命的生长过程，这个生长过程可以不用进行特意的人为干涉，只要符合生物性生命成长的规律即可。但人的本质是一种社会性动物，"人是一根会思想的芦苇"，人不仅要进行生物性生长，也要进行社会性生长。按照马斯洛的需要层次理论，人不仅需要满足生理的需要、安全的需要等低层次需要，还要满足自我实现的需要等高级需要，这就决定了人的发展需要进行自我认知和自我规划。因此，生涯教育是一种人生发展教育，是一种站在人的社会性的角度思考"人应该如何有意义地度过自己的一生"的教育。作为生涯教育的基础阶段，小学生生涯启蒙教育需要在教育理念的指引下明确教育目标。

（一）小学生生涯启蒙教育要为人生幸福奠基

教育与幸福有着密切的联系，有的时候，一个人的幸福生活来源于教育，教育为幸福奠基；有的时候，一个接受了教育的人会对幸福有更深刻的理解。从某种程度上讲，生涯教育是一种幸福教育，因为它指向一个人的幸福人生，或者说生涯教育让一个人找到幸福的源泉，找到规划幸福人生的方法。小学阶段的生涯启蒙教育，使学生学会认识自己的个性特征、兴趣爱好，加深对生命价值、生活意义的理解，加强对自身发展潜力和未来道路的关注，帮助小学生把所学的知识与理想追求建立联系，学会规划未来与人生发展方向，最终使其找到适合自己的幸福生活方式。

（二）小学生生涯启蒙教育要为终身发展奠基

信息时代，人的发展应该是终身发展，也必须是终身发展，而生涯启蒙教育就是让学生通过教育形成一种学习的意识，一种自学的能力，一种主动发展的心向，一种为他人、为社会、为国家服务的价值追求。生涯启蒙教育，让小学生在实践中认识自己的个性特征、兴趣爱好、优势智能，能够结合自身的优势和特长，形成对自我发展的合理期望。通过生涯启蒙教育提高小学生对个体存在的人生价值、生活意义的理解和对自身发展潜力与未来人生道路的认识，在丰富小学生个体经验的基础上，让小学生体会自己所学知识的社会意义，帮助小学生把所学的知识与远大的理想追求建立联系，从而形成一种发展的主动趋势和内驱力。

（三）小学生生涯启蒙教育要为适应社会奠基

人的社会性决定了生涯教育促进人的社会适应。从学校生涯教育的具体实施来看，可以通过课堂教学、主题活动、社会实践、校园文化营造等多种方式，培养学生的生涯意识和自我意识，引导学生了解社会的丰富性和复杂性，认识多样的职业岗位和丰富多彩的职业生活，明白"三百六十行，行行出状元"的道理，了解社会上各行业涌现的杰出代表，他们在自身工作岗位中默默奉献、大胆创新的职业精神，以及取得的成就。特别是让小学生理解劳动成果的社会价值，形成对社会的积极认知，建立与社会的良性互动关系，形成人与社会发展的相互成就的基本认知，为长大之后在为社会发展和国家繁荣做贡献的过程中成就自我奠定扎实的基础。

（四）小学生生涯启蒙教育要为职业生活奠基

适应社会不是一句空话，需要有特定的职业生活做支撑，从某种程度上讲，人适应社会是通过某种职业生活实现的。因此，生涯教育中职业认知和职业意识是非常重要的目标。小学生在了解社会的过程中，一个非常重要的方面就是了解社会的职业：通过对社会中丰富多彩的职业的认识，帮助学生形成对职业、对社会的积极情感；通过组织职业观察活动，丰富学生的职业情感体验和职业要求认知；通过参与适宜的职业劳动，养成学生尊重劳动、珍惜劳动成果的态度，引发潜在的职业兴趣和个人潜能，培养认真做事和合作沟通的能力。可以说，小学阶段，引导学生了解职业并培养基本的职业意识是必不可少的，要让学生了解职业的相关概念、职业类型，形成泛化的职业兴趣，养成正确的劳动态度。①

■ 第三节　生涯启蒙教育的结构与内容

生涯启蒙教育是帮助学生正确认识自我、科学探索职业与社会、树立未来发展远景目标并掌握实现目标的途径和方法的教育，也是连接学校与社会、促进学生终身发展、全面而有个性发展的教育。② 学校的生涯启蒙教育构建了"终身发展""全面发展""社会发展""职业发展"四位一体的生涯教育目标体系。需要说明的是，学校的生涯教育目标按照不同学段体现了差异性要求，这种差异性要求本质上是遵循儿童身心发展和认知规律的体现。按照"自我认知—自主发展—生涯探索"的内容递进，即重点帮助小学低年级学生自我认知和自我觉察，重点帮助中年级学生形成自我管理和自主学习的意识和能力，重点帮助高年级学生认识社会和认识职业，将学生自身发展与社会发展有机联系在一起。在此

① 王献玲.基础教育阶段亟待实施职业生涯教育［J］.天津师范大学学报（基础教育版），2015，16（1）：6—9.
② 高靓，王学男.我国培育"时代新人"理念下的生涯教育反思与实践［J］.国家教育行政学院学报，2021（4）：81—87.

基础上，以"家校社融通"为抓手，探索适合小学生的生涯启蒙教育，具体操作框架图如图 3-3。

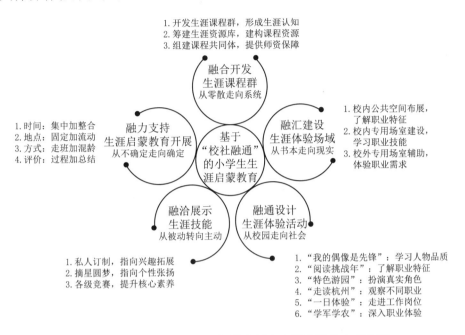

图 3-3 基于"家校社融通"的小学生生涯启蒙教育架构图

生涯启蒙教育要从学生个体情况出发，在实践中体验、感知，由此提升自我认知，进行未来规划，因此，在实践中要着眼自主，促进自我觉醒；创新融通，形成校社统合；强调实践，提升综合能力；遵循适宜，重视可持续发展。探索对小学生开展生涯启蒙教育的路径、方式，使小学生初步形成正确的生涯规划意识。构建小学生生涯启蒙教育的基本路径，为小学开展生涯启蒙教育提供借鉴。培养一支能胜任小学生启蒙教育的教师队伍，为开展生涯启蒙教育提供人力支持。

学校通过开发整体性课程群、筹建课程资源库、组建课程共同体，让生涯教育从零散走向系统，唤醒学生的自我意识，让学生真正了解自己的优势、不足、兴趣等，慢慢形成朦胧的生涯憧憬；为了更好地落实生涯课程，学校依托生涯体验课程进行公共空间布展、校内场室建设、外部场室辅助等场域建设，让学生有更充分的生涯规划和实践的载体，让生涯教育从书本走向现实，使学生形成对生涯的初步感受；在理论学习的基础上，通过"我的偶像是先锋""阅读挑战年""特色游园""走读杭州""一日体验"等融通体验活动，带领学生走出校园，到社会中进行真实的体验，助力他们形成自己的理想憧憬；在学生掌握了一定的生涯技能后，学校积极搭建各种展示平台，让学生发展兴趣、张扬个性、提升素养，从被动规划转为主动探索；同时，为了让生涯启蒙教育能扎实有效地开展，学校还进行了小学生生涯启蒙教育的支持探索，时间上采用集中加整合模式，把综合实践课集中到周四下午，整合语文和数学课程内容，每周各减少一节课，腾出周五的半天时间；地点上，既有学校和市青少年发展中心固定场所，又有"走读杭州"流动场域；方式上采用走班加混龄结合；评价上探索过程性评价，同时结合阶段性评价。

第四章

多方共育：
生涯启蒙教育的实践进路

生涯启蒙教育的实施路径，从大的方面可以分为直接的生涯教学和间接的生涯教育。直接的生涯教学即开发专门的生涯课程，但是仅靠生涯教育课来实施生涯教育是远远不够的，生涯教育应全面渗透在学科教学中，应融入校园文化的各类实践活动中。除了生涯教育专题课程外，各任课教师应充分发挥多学科内容丰富多彩的优势，结合学科特征将生涯教育融入日常教学中，在学科教学中提升学生的职业认知和职业准备。同时，生涯教育应融入学生的各类日常主题实践活动。①

实际上，从"大教育"的理念出发，家校社协同共育更是生涯启蒙教育的重要路径。杭州采荷第三小学教育集团开展的基于"家校社融通"的生涯启蒙教育，强调生涯启蒙教育不再局限于学校，而是打通学校和社会的壁垒，借助社会上已有的教育资源，从生涯课程设计主体到实施过程和评价等方面，融合校内外各界的力量，合力开展生涯教育。这样的融通打破原有的学校教育范式，课堂上的教师不仅仅是学校教师，可以是社区工作人员，也可以是企业员工，还可以是家长等；上课的场所可以是学校，可以是少年宫，可以是企业，可以是图书馆；评价的主体也从教师、学生走向了社会人士等所有的实践涉及主体。这种基于家校社协同共育的生涯启蒙教育实践路径是杭州采荷第三小学教育集团生涯启蒙教育的显著特征，也是取得成效的重要保障。

---

① 王秋芳. 小学生涯教育应发挥"四个效应"[J]. 教学与管理，2020（29）：10—12.

■ 第一节　融合开发生涯课程图谱——从分散走向系统

课程是构成教育活动的基本要素。职业生涯教育课程是指按照一定的教育目的，在教师有计划、有组织的指导下，帮助学生获得生涯知识，探索自我，了解职业，形成合理规划自己人生能力的课程。[①] 在发达国家，小学阶段均把生涯教育与学科教学紧密结合起来，一方面规定有生涯发展教育的必修课，另一方面又与其他课程的教学相互渗透。比如，美国小学实施职业生涯教育的主要方式：一是课程介入，即独立开设职业生涯设计教育课程，主要传授职业生涯设计的理论、知识与策略等；二是教学渗透，即在学科教学活动中，以拓展的方式培养学生的职业观、职业生涯设计意识与技能等，将职业观、职业素质等相关知识，有计划、有步骤地渗入化学、生物、物理等各学科教材中，共同对学生实施职业生涯教育。[②] 针对现有小学生涯教育仅仅组织一些零散的活动这一问题，学校在开展生涯教育实践前，组织了专业的小学生涯研究共同体，自主开发有利于学生生涯启蒙的整体性课程。

◆一、开发生涯课程群，形成生涯认知

该课程群由生涯认知、生涯技能、生涯体验和生涯准备四个专题组成，根据学生年龄特点，每一年段选择适宜的内容进行教学，让生涯启蒙教育从零散走向系统。学校将六个年级分成了三个年段，每个年段的整体框架一致，但具体的课时内容和相关活动会根据年级不同进行不同设计。围绕一个主题，通过课程群的方式推进生涯课程，能让学生更加

---

① 刘海霞，苏永昌.美国生涯教育课程理念及其启示［J］.当代职业教育，2020（1），42—48.
② 于珍.中小学职业生涯教育：来自美国的经验与启示［J］.比较教育学报，2008（3）：52—55.

系统而整体地认识自己，了解生涯教育，这样有助于生涯启蒙的螺旋上升式开展，具体可见表 4-1：

表 4-1　低中高年段学生生涯课程安排表

年段	生涯专题	篇　章	主　题	生涯课程群
低段	生涯认知	第一篇章·认自己	介绍我自己	心理课：我是谁 语文课：我 美术课：自画像 校社课：介绍我自己
			男孩和女孩	科学课：男孩和女孩 哲学课：我们不一样 实践课：一起来
		第二篇章·识社会	介绍我的班级	主题班会课：我们的班名 数学课：我们班的教室 实践活动：介绍我的班级
			我的偶像是先锋	主题实践课：我的偶像
	生涯技能	第一篇章·爱生活	热爱锻炼身体棒	体育课：锻炼身体我能行 营养课：合理搭配 校社课：校园吉尼斯
			我是爸妈小助手	实践活动：我是爸爸妈妈小助手
		第二篇章·会学习	宝贵的一分钟	数学课：时间 语文课：一分钟 阅读课：宝贵的一分钟
			做事要专心	心理课：做事要专心 班会课：认真的我们 实践活动：一心一意我能行
		第三篇章·能生存	遇到困难我能行	思想品德课：我能行 语文写话课：我有好办法 实践活动：21 天大挑战
			遇到危险我不慌	安全教育课：急救大百科 品德课：遇到危险我不慌 卫生课：受伤了怎么办？
	生涯体验	第一篇章·会选择	我的社团我选择	拓展课：我的社团我做主
			多彩的生活	品德课：世界万花筒 语文习作课：我的多彩生活 美术课：美好的生活

续表

年段	生涯专题	篇　章	主　题	生涯课程群
低段	生涯体验	第二篇章·敢实践	爸爸妈妈本领大	实践活动：一日体验
			走读杭州我快乐	主题实践课：走读场馆
	生涯准备	第一篇章·有计划	我快乐的一天	品德课：课余生活我做主 音乐课：快乐的一天 阅读课：快乐的一天
			我的周末我做主	实践活动：我的周末我做主
中段	生涯认知	第一篇章·认自己	我的情绪我控制	心理课：情绪小怪兽 品德课：我的情绪我做主 哲学课：我可以生气吗？
			我的兴趣我知道	拓展课：解码我的兴趣 数学课：莫比乌斯环 美术课：我的课余活动
		第二篇章·识社会	介绍我的社区	美术课：画画我的家
			我的偶像是先锋	拓展课：一粒小种子的故事 思想政治课：抗疫英雄宣讲会
	生涯技能	第一篇章·爱生活	珍惜生命从我开始	阅读课：敬畏生命 语文课：珍爱生命 品德课：珍爱生命
			关心他人美滋滋	语文课：我不能失信 品德课：关心他人美滋滋
		第二篇章·会学习	学习方法我掌握	数学课：田忌赛马 体育课：跳绳本领我掌握 美术课：透视画法
			学习困惑我助力	品德课：遇到难题怎么办 校社模拟课：被人欺负我怎么办？
		第三篇章·能生存	生存技能我最多	劳动课：缝纽扣 拓展课：巧手编织
			衣食住行与职业	拓展课：节日的盛装 品德课：我们生活的社区 阅读课：多彩的职业
	生涯体验	第一篇章·会选择	我的社团我选择	拓展课：我的社团我做主
			我的特长我做主	音乐课：陶笛演奏

续表

年段	生涯专题	篇　章	主　题	生涯课程群
中段	生涯体验	第二篇章·敢实践	我是小小工作者	主题实践课：我是一名小小工作者
			走读杭州我参与	学军学农
	生涯准备	第一篇章·有准备	树立目标有理想	主题实践课：我的梦想
			珍惜时间会安排	数学课：合理安排时间 语文课：我的一天 校社课：我的暑假计划
高段	生涯认知	第一篇章·认自己	相信自己	英语课：I can do it 语文课：相信自己 体育课：挑战自我
			我有好品质	品德课：追求真善美 英语课：With good quality
		第二篇章·识社会	介绍我的祖国	品德课：我的祖国 语文课：我的祖国 主题实践课：我爱我的祖国
			我的偶像是先锋	主题实践课：我的偶像是先锋
	生涯技能	第一篇章·爱生活	诚信在我心	主题班会课：诚信在我心 主题实践课：说话算话 音乐课：说话算话
			生活小妙招	项目化学习：智能课桌椅 科学课：生活小妙招 主题实践课：生活能手
		第二篇章·会学习	社会职业知多少	走读杭州课：我知道的社会职业 美术课：各种各样的工作
			职业本领有多少	主题实践课：各种各样的职业 创客课程：未来城市 社群模拟课：我是小法官
		第三篇章·能生存	合作是生涯必备本领	品德课：我会合作 科学实验：团队实验我们行
			做一个受欢迎的人	品德课：做一个受欢迎的人 社群模拟课：帮帮热线
	生涯体验	第一篇章·会选择	我的社团我选择	拓展课：我的社团我选择
			我的梦想我做主	品德课：我的梦想 语文课：我的梦想

续表

年段	生涯专题	篇章	主题	生涯课程群
高段	生涯体验	第二篇章·敢实践	学军学农我能行	主题实践课：学军学农周
			走读杭州学本领	主题实践课：走读企业
	生涯准备	第一篇章·有计划	为未来插上飞翔的翅膀	品德课：未来不是梦想 毕业课程：未来已来

"生涯认知"专题主要有认知自我和认识社会两个篇章；"生涯技能"是针对不同年段学生开展的一些生存、劳动等方面的综合能力；"生涯体验"主要是高度实践性的生涯探索，该体验分为自主选择的拓展课程体验、走读杭州体验和自主生涯体验三个部分；"生涯准备"指向学生的自我成长计划。

【案例 4-1】 低段"认自己"

以一年级"生涯认识"篇章中的"认自己"为例，班主任会携手学校心理教师和区心理工作室开设一系列如"我是谁""我可以做什么"等团体心理辅导课。团体辅导课从"唱反调"小游戏入手，利用绘画涂色、互动点赞等方法，帮助学生建立正确的自我认知。除了校内开展的心理课之外，还会带领学生走进专业的专注力测评机构，通过专业机构专业人士的测评帮助学生更好地认识自己。

除"我是谁"这节课之外，心理辅导课上还有一系列自我认知的课程，比如"我就是我""独一无二的我""认识自我""做情绪的主人"等，通过各种形式让学生了解自己的优点、不足、兴趣、品质等。

◆二、筹建生涯资源库，建构课程资源

生涯启蒙课程的开展与常规的学科教学不同，在全体教师的共同努力下，学校常规学科教学已经有了比较多的教学资源，但生涯启蒙课程在开展初期根本没什么资源，另外，由于生涯启蒙课程的特殊性，部分课程的开展与教师原有的认知体系不同，因此，需要借助更多的外部力量，课题组在生涯课程开发初期就向全校家长和周边社区等发出邀请，希望有更多的专业力量助力，筹建生涯资源库，构建课程资源。我们按照筹集对象不同，分成了家长生涯启蒙课程资源库、社区生涯启蒙课程资源库，图 4-1 为家长生涯启蒙课程资源库的部分截图：

班级	学生姓名	家长姓名	能否提供家长讲座资源	讲座题目	能够提供职业实践资源	职业类型
1班			能	心肺复苏的急救技能		医生
1班			能	人的心理对安全接受度的影响	暂无法确定	企业部门负责人
2班			能	科普讲座		华师大物理系教授
3班			能	走近歌剧		
3班	孙	孙	能	手工编织		
4班			能	茶道讲座		
5班			能	《当你老了-新型养老社区帮您度过幸福晚年》	能	活动协调员
5班			能	《千里眼的世界-远程医疗为您解除病痛烦恼》	能	医生
5班			能	无人抄表、智能停车等物联网技术应用	能	电子类工程师
5班			能	呼吸疾病检测终端及大数据统计应用	能	电子类工程师

图 4-1　家长生涯启蒙课程资源库截图

建立这样的资源库，让教师在联合设计生涯启蒙课程时思路更广了，也有更多精力思考如何更好地利用这些专业的资源，在家长、社区和社会的助力下，学生的生涯实践场所也更多了。

◆三、组建课程共同体，提供师资保障

为了更好地开展生涯启蒙教育，提高生涯教育课程的可操作性，提高教师的执教力，课题组积极联系师训部门，开展针对学生的生涯教育

相关理论、方法和实操技术培训，提高教师在进行学生生涯启蒙教育中的融合教育能力。根据"四级三层"管理制度的要求，每学期初都会围绕"如何更好地推进学生生涯启蒙教育"开展"1+1+N"的教研制度，即1个课题教研组、1个资源教师教研组和1个全体教师教研组，三层次的教研活动，由点及面，由面及体。这种任务分明、层级递进式推进的教研方式，有顶层思考，也有实践总结和分析的行动研究，能非常有效地推动课题组的研究活动，同时通过扩大层面的全体教师教研活动，能让更多教师知道相对成熟的生涯启蒙教育方法，并能在日常教育教学过程中运用起来。

除了本校教师之外，学校还联合家长、社区等组建了由"N"方参与的学习讨论活动，如为了形成家校共识、实现共同、走向共建，学校成立"风荷家长课堂"，分年段设置了不同目标的"大小家长课堂"，通过"2个+"课程体系，即：线上+线下，自主研发+外部资源，家长带着自身资源走进学校，为学生开展生涯启蒙。"大课堂"：面向所有学校，这样的生涯课堂普适性比较高，用于思想启蒙的比较多。"小课堂"：该课堂只面向部分学生开展，范围比较小，但针对性非常强。

◆四、推动课程网格化，强化支撑保障

（一）时间：集中加整合

在具体的时间设置上，"校社融通"课程采用集中的形式——每周四下午开展特色课程；一学年有32个半天，即16天，那么6年总计有96天开展特色课程。与此同时，我们从职业生涯启蒙教育的目标入手，梳理整合学科目标体系，将国家课程、地方课程的教学内容进行梳理、

整合，一至六年级每周减少一节语文课和数学课，利用每周五下午半天时间进行主题实践类活动课程，再加上四至六年级安排 3 周的主题实践周。统筹所有活动时间，相当于小学六年中有一年的生涯启蒙教育以"校社融通"课程形式进行。再加上学校的德育阵地课、双休日的一些学科竞赛等，绝对可称之为"非常充裕"。

（二）地点：固定加流动

具体分为两种：一是固定基地，二是动态基地。固定基地：学校离市少年宫很近，步行 15 分钟左右就能到达。周四下午，让学生"步行去实践、人人有展示、生涯得发展"。动态基地：杭州是风景优美、名人辈出、经济发达的省会城市，教育资源随手可拾，仅政府划定的第二课堂场馆就有 72 个，这些地方都是基于项目的实践类课程实施的场所，我们通过"走读杭州"的实践带领学生用脚步丈量杭州之景，全身心享受杭城馈赠。

（三）方式：走班加混龄

学校传统教育历来根据年龄进行编班，统一组织学科教学。而"校社融通"课程打破了年龄、年段、学科之间的壁垒，采用走班混龄的方式组织学习。一个班级内，有刚进校园的低年级学生，也有活泼大方的高年级学生，他们之间形成亲密互助的关系。当低年级学生碰到问题，高年级学生可以给予一定的帮助，在这样的过程中，他们也获得成就感，肯定自己，养成了一定的责任意识，低年级的学生也会更加亲近高年级学生，更加乐于学习。

■ 第二节　融汇建设生涯体验场域——从书本走向实践

为了让学生在书本学习之外能更多开展生涯体验，学校积极利用公共空间进行环境布展，让学生有更多机会了解各个不同职业的特点，并尽力建设各类校内专用场室，如心理辅导室、资源教室、未来学习空间、烘焙工作坊、木工坊、创客教室等，让他们有更多机会沉浸式开展生涯体验。此外，学校还与众多场馆建立了共建单位，实现"书中学"与"做中学"的统一。

◆一、校内公共空间布展，了解职业特征

"润物细无声"，为了让学生浸润式地感受各种职业特征和人物相关特点，教室公共空间开展了生涯图片展览，定期进行榜样人物展览。学校公共区域也会不定期地开展生涯人物、社会榜样人物专题展览等活动，激发学生对职业和相关人物的好奇心。

【案例 4-2】 临时展览馆

2022 年，学校公共空间根据年级分布一共布展 6 次：一年级"我眼中的爸爸妈妈"；二年级"美丽的校园志愿者"；三年级"感动'采三'人物"；四年级"身边的劳模"；五年级"科技先锋"；六年级"国家伟人"。

这样色彩鲜艳的布展很容易吸引学生的注意力，尤其是对图画感兴趣的汤同学和王同学。她们常常驻足观看，相信在这样的观看过程中，

这些人物的品质会逐渐深入她们的内心。

◈二、校内专用场室建设，学习职业技能

专用场室的打造，可以让学生更好地进行技能学习，加强生涯启蒙教育的可操作性，因此学校积极提升和打造各类校内专用场室，让学生在真实的环境中沉浸式学习专业技能。

（一）艺术类专用场室

"美美与共空间"以艺术特色为主题，采用中国红、生态绿、梦想蓝三种校园主色调，呈现美术的张力；"律动空间"以融媒体、音乐、体育等特有元素构图，传递融媒体、音乐、体育等特色职业信息。让学生在校内就能感受艺术带来的美感，了解艺术相关工作的工作环境以及从事艺术工作的相关要求。

【案例 4-3】 融媒体中心的摄影师

李老师特别喜欢摄影，在晚托课程开启之后，李老师毫不犹豫地选择开设摄影课程，课程面向六年级学生。李老师利用融媒体中心的摄像摄影器材，组织学生认识照相机、使用照相机，带领学生拍摄美丽的校园照片，同时，在协同教师陈老师的助力下，学生还在融媒体中心学习了修图技术。每当学校有活动时，这些小小摄影师们就会利用所学的本领活跃在现场。

像融媒体中心这样的艺术类专用场室的建设，给了学生面向未来的能力，如今自媒体的发展越来越快速，掌握一定的自媒体能力也是学生

必备的职业素养。在融媒体中心建立之前，学校没有开展相关教学的地方，想要开展教学只能纸上谈兵，但建立了融媒体中心之后，学习职业技能成为可能。

（二）拓展类专用场室

建设以工程创客类生涯体验功能室群为主体的未来学习空间，设置烘焙工坊、创意木工坊、3D 创客教室、人工智能等多个工程创客类的功能室，拓展课程期间让学生根据个人意愿自主参与各个项目的体验。

【案例 4-4】 烘焙教室的应同学

应同学喜欢动手操作，尤其喜欢制作美食，所以他在拓展课程选择时，毫不犹豫地选择了"蜜享工坊"。"蜜享工坊"每周四开课，学校聘请了社会上专业的西点烘焙师进入学校进行教学，教学内容、教学方法和教学过程都是在专业烘焙教师和陪同教师的共同研发下进行的。

在烘焙教室里，学生可以亲手制作饼干、蛋糕等食物，并且也能分享给小伙伴，这比学生看着图片学习更具有体验感，更能提高他们的职业期待和职业幸福感。基于生涯启蒙的拓展课程给了学生更多的体验活动，有了这样的校内场室，学生可以在一个他们相对熟悉，又有心理安全感的环境中去学习职业技能，让职业技能学习更具有可操作性。

（三）个案跟踪类专用场室

学校以"让每一名学生摘到梦想中的星星"为教育愿景，秉持"一个都不能少"的教育理念，帮助每一个学生，鼓励每一个学生，发展每一个学生，努力让每一名学生享受幸福童年，享受幸福校园生活。但是有一些学生，他们需要特别的爱。为满足学生显著的个别差异需求，让他们接受适合个体发展所需要的教育，学校积极开展资源教室建设，资源教室集教育专业图书、学具、教具、辅助技术等于一体，为学生提供心理诊断、辅导，具备生涯启蒙个别化教育、教学支持、学习辅导、补救教学等多种功能。

【案例 4-5】　资源教室的汤同学

汤同学，非先天性智力障碍，小时候高烧产生了癫痫后遗症，脑电波紊乱，韦氏智力检测显示智力只到 70 分。汤同学日常在班级中的存在感不高，教室是一个相对公共的空间，对汤同学来说安全感不足，个人比较私密的不想被同学发现的情绪物品没地方可以放。为了让他找到学校归属感，提升自我接纳度，我们专门在资源教室里给汤同学一个角落，这个角落里可以堆放他的个人小物品，如发泄球、迷宫本等，让他在学校里找到一个类似于家的私密空间，我们和汤同学一起称它为"秘密基地"。

有了这样一个相对私密的空间，汤同学的不安在学校有了"容身之处"，他能用相对轻松的心情迎接学校的学习生活，感受"被接纳"的快乐，适应群体生活，为今后走向社会提供了更多的可能。

● 三、校外专用场室辅助，体验职业需求

除了校内建设各类专业场室之外，学校还不断开发利用社会资源，如图书馆、博物馆、企业等外部专业场室，助力学生开展更为真实的职

业体验。

"Do 都城"少儿社会体验馆距离学校不远，是国内首家、场馆规模亚洲最大的少年儿童体验类教育场馆。"Do 都城"为学生提供了上百种职业体验的机会：消防员、宇航员、考古学家、记者、医生、机长、设计师、主播、驾驶员、建筑工人……在那里，学生可以像大人一样，在安全互动的环境中尝试各项工作，体验真实的社会活动，理解通过劳动取得报酬的生存道理，为未来的健康成长和职业发展打下良好的认识基础。学校与杭州"Do 都城"少儿社会体验馆建立了长期合作关系，以"Do 都城"场馆为依托，为学生提供真实的社会生活环境，激发他们自主参与，感受各种职业的魅力。

【案例 4-6】 服务员王同学

由于学校跟杭州"Do 都城"少儿社会体验馆是共建单位，所以学校积极利用周四下午的拓展课时间，让王同学在父母的陪同下进入"Do 都城"少儿社会体验馆开展各类全仿真职业体验。王同学根据自己的兴趣，经常会选择体验"邮递员""服装店员""理发店员"。

根据王同学在"Do 都城"内的职业选择，父母在课题组成员的帮助下，逐渐开始理清王同学的兴趣爱好，分析出王同学今后可能对服务类的工作内容比较感兴趣，因此在后续的家庭游戏中，父母经常会跟王同学一起开展过家家的活动。

三度空间、浸润式感受，让学生能在真实又安全的环境中寻找自我，逐步明白自己擅长什么，不擅长什么，同时重构自我，寻找未来的成长梦想，逐渐明晰个人成长目标，形成生涯意识，逐渐成为更好的自己。

■ 第三节　融通设计生涯体验活动——从校园走向社会

学校采取"请进来、走出去"相结合的策略，即将专业人员请进学校，带领学生走出校园、走进社会。周四下午的拓展课程，学生走出校门，到杭州市青少年活动中心和杭州市"Do 都城"开展各类拓展活动；周五下午的走读杭州课程，学生走进医院、企业、博物馆等开展职业体验；四至六年级还有为期一周的生涯主题实践课程。大量的课程以主题设计和活动创新为主要形式，让学生接触不同的职业，在真实生活中开启具有特色的生涯启蒙教育。通过自我认知、职业体验、自我规划，旨在让学生在真实的情境中体验各种职业的工作感受，在成长过程中不断了解自己、认识社会、发展兴趣，初步培养职业兴趣，提高生涯探索能力。通过初识、观摩、体验等一系列职业认知活动，学生能够初步结合自身特点和特长，在一定程度上形成朦胧的职业憧憬，对从事一项或多项职业劳动产生向往。学校则联通社会多方媒介，包括社区、企业、博物馆、展览馆、自然与文化景点等，持续搭建平台，创设职业体验的契机，以学校、年级、班集体、小队等为单位，引导学生明晰相应职业素养，为后期深入学习奠定基础，最终提高学习主动性和积极性，让自主探究贯穿整个小学生活，以提升学生的核心素养为主要目标。

◆ 一、"我的偶像是先锋"：学习人物品质

该项目以社会主义核心价值观为引领，通过对校内、校外榜样人物的前期调研与访谈，结合学生身心发展规律，选定"道德、劳动、科技"三大领域职业先锋为学习榜样，一一对应"低中高"不同年段。中

期组织各班级根据主题选择符合要求的先锋人物，了解先锋成长经历、生平事迹和突出贡献，全面认识人物品质，感悟先锋精神。后期通过为先锋画一张画像、制作一份小报、开展一次先锋事迹宣讲等活动，向先锋表达敬意。从学先锋到争先锋，再到当先锋，层层深入，鼓励学生"从小学先锋，长大做先锋"，如图 4-2 所示。

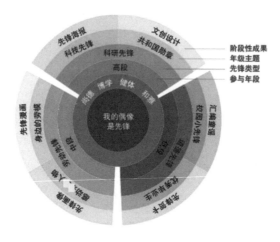

图 4-2 "我的偶像是先锋"框架图

中队先锋课基于学生的年龄特征，综合考量先锋人物与学生的物理空间距离，拟定"校园小先锋""优秀毕业生""感动'采三'人物""身边的劳模""科研先锋""时代楷模"六个主题，鼓励学生推荐身边的模范人物，在班级中推介自己心目中的职业先锋，深化"努力成就优秀，优秀造就先锋"的概念，同时让学生感受到"先锋就在我们中间""人人都能争当先锋"的信条。除此之外，各年段根据学生情况明确了差异化的培养目标，低段指向学会学习、健康生活；中段关注责任担当、实践创新；高段则更加注重人文底蕴、科学精神的养成，逐步落实学生核心素养的形成和发展，为培养"尚德、博学、健体、和雅"的"采三"学子打下扎实基础。校级思政课则立足于"热爱祖国"的主题，充分打造爱国主义教育主阵地，结合"四史"、时事等，开展大型红色报告会、座谈会。为感知医护人员的慷慨大义，集团邀请全体驰援武汉的医护家长，举办"致敬英雄"医护人员抗疫先进事迹报告会；为感悟人民军队的豪情壮志，集团邀请抗美援朝英雄进课堂，再忆红色的峥嵘岁月，集团抓住每一次职业教育契机，上好每一堂思政课，深化思想政治教育。

【案例 4-7】　一粒油菜籽的故事

四年级的学生学习社会先锋精神，408 中队邀请了省农科院大专家张冬青老师进班为学生讲述《一粒油菜籽的故事》。和蔼可亲的张奶奶荣获全国"五一"劳动奖章、全国"三八"红旗手、浙江省劳动模范等荣誉称号。她以油菜育种为己任，43 年来专注于同一件事的精神，令学生深受感动，当场成立了"小油菜花粉丝团"。张奶奶深入浅出，给学生分享了她的故事，她带领研究团队不断钻研，使得现在油菜籽的产量不断提升，油菜花的功能不断开发，还带动了很多产业的发展。学生深切感受到科技改变生活，表示要学习张奶奶坚持不懈、勇于创新的精神。

案例 4-7 的活动引导学生体会张奶奶 43 年如一日的坚守是多么不易，这份执着值得从事任何一份职业的人们学习。通过聆听张奶奶的故事，学生也更了解身边的科学，懂得了科技进步为我们的生活带来的便利，坚定了认真学习的决心。在了解职业先锋事迹的基础上，我们通过共读课堂、分享会等形式开展讨论，深入挖掘每一份职业中蕴藏的工匠精神，开展"先锋偶像模仿秀"。在模仿职业先锋行为的活动过程中，学生梳理自己的品质关键词，与榜样人物开展比对，更充分地认识自己，确定属于自己的"'采三'学子气质词"以及希望进步的小目标，开启"做最好的自己"21天打卡活动，用实际行动践行先锋品质，向先锋靠拢。

● 二、"阅读挑战年"：了解职业特征

阅读，丰富人的见识，涵养人的气质，升华人的素养，阅读的意义众所周知。集团大力倡导海量阅读，致力于培养好读书的"'采三'气质学子"，发起"阅读挑战年"主题活动，为师生提供好书推荐，推动师生与先贤沟通，为学生提供各类优秀书籍，涵盖农业、设计、航天、中医药、教育、科普等领域，在一定程度上为学生开启职业认识之门，实现在阅读中进行职业启蒙，引导学生亲近社会，增强兴趣，通过阅读更多地了解各类职业特征。

"阅读挑战"是一个凝聚智慧的综合读书项目，更是对文化的传承与创新。集团通过官方微信公众号、国旗下讲话、午间谈话时间等营造浓厚的阅读氛围，并专门设计布置"书香长廊"，让师生随时随地随手能拿到书，捧起书畅读，倡导全体师生与书为友，以书为鉴，浸润在幽幽书香之中。为此，集团持续开展三周一循环的全校大阅读课程、每周四下午的"流动图书馆"等活动，鼓励师生共同参与，共同分享阅读的美好。在"阅读挑战"活动的推进过程中，结合生涯启蒙教育，学校教师给学生推荐了《儿童职业启蒙绘本：那些神奇的职业》《长大后我要做什么》《了不起的职业》《给孩子的趣味职业书》等，引导学生在阅读中了解各行各业的职业特征，并对自己感兴趣的某些职业开展尝试和深入体验。

【案例 4-8】《儿童职业启蒙绘本：那些神奇的职业》导读

这本名为《儿童职业启蒙绘本：那些神奇的职业》的绘本来自法国，初看封面即被吸引。医生、维修工人、雕塑家、宇航员、动物饲养员等行业形象足以为学生开启生涯教育的大门。"如果我想成为一名医生，我应该学哪些本领？""我的梦想是成为宇航员，我想探索宇宙到底多么神秘。""我最喜欢画画，我想成为下一个米开朗基罗。"学生畅所欲言，任凭天马行空的想象自由驰骋。这本绘本介绍了16种职业、28种趣味职业以及160多件工具，不断引导学生探索、思考、联系生活，搜寻身边是否有从事这些职业的亲朋好友，这一定是阅读的魅力，也足够彰显职业启蒙对儿童的强大吸引力。

案例 4-8 的阅读情境既为学生提供了打开话匣的平台，也带领成人读者回到人类的童年时代，我们也是听着长辈们讲过去的故事，在聆听中不知不觉地成长。又或者想起我们职业选择前夕，高考填报志愿之时，这才意识到年少时的职业生涯启蒙教育是何等必要，选择，于每个人而言，都是至关重要的，认真地说，关乎一个人一生的幸福。我们希望通过拓展阅读的量与面，引导学生主动地积极地了解真实存在于社会体系中的各行各业，以书中生动鲜活的真实经历，不同职业的日常工作内容、乐趣、困难和责任等，为学生呈现鲜活可触的职业面貌，从而引导其在面对未来选择时更加坚定，也更有底气。

◆三、"特色游园"：扮演真实角色

一、二年级的小豆丁遇上"Do 都城"，会产生怎样的神奇反应？集团坚持每学期期末为一、二年级学生组织以职业体验为主题的非纸笔测

评活动，同时兼顾培养六年级学生组织、管理、协调的未来工作能力。低年级学生分组后由六年级学生进组管理，通常以一带八，构建真实的微型社会活动场所，全程由小组九人商议、决策、执行、反馈，引导学生主动运用已有的知识技能，体验真实的职业场景，既能达成测评任务，也为综合素养的提升铺设路径。

此项非纸笔测评活动的开展有一定的环境要求，校方与"Do都城"的合作恰好可以实现校社融通，为学生成长营造出合适的空间。进入场馆后，六年级学生负责对低段学生在参加活动、场外等候等过程中展现出的行为礼仪等情况进行观察和评价。主要从"爱护环境""文明有礼""团结合作""积极参与"等几个维度进行评测。为确保小组活动有序开展，六年级学生充分发挥主观能动性，为提高管理效率频出妙招。

【案例 4-9】"Do 都城"体验职业

低年级学生按照前期商定好的分组进入设计精巧的"Do都城"，这里的职业设置极为丰富：化妆师、冰激凌制作员、蛋糕店营业员、消防员等职业都深受学生喜欢。我们随机进入了"电视台"，两名播音主持正端坐在话筒前，有模有样地播报今日新闻，有一名"摄像"也在认真工作，将美好的镜头定格，组内其他成员安静地坐在观众席耐心等待体验的机会。

六年级学生在活动中扮演的是"管理者"的角色，管理方法的习得也正是发生在这一次次的真实场景实践中。他们为本组成员佩戴统一的徽章、袖章、发卡等，以便识别。有的组长善用激励机制，分发奖励贴纸、小糖果等。

案例4-9中六年级学生在体会"管理者"日常工作的同时，也收获了组员们的信任和感谢，体会到了认真工作带来的幸福感和满足感，自身的管理和组织能力也大大提升，并积累了部分与人交往沟通的技巧和宝贵经验。活动结束后，通过和低年级学生的交流，我们充分了解到职业体验会激发儿童学习的兴致，提高儿童从事某一项活动的专注力，也能够感受到儿童在体验时发自内心的快乐。对于六年级的组长们，我们也能从他们在活动后写下的参与体会中看到进步与成长。图4-3为部分六年级小组长的活动感言。

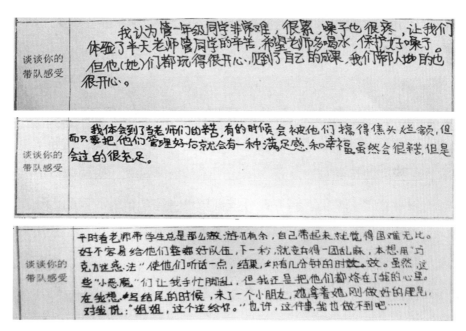

图4-3　六年级小组长活动感言

随着时代发展，"地摊经济"的热潮席卷全国，小学生们也在校园里过了一把当"商人"的"瘾"。在"摊主"的带领下，"员工们"齐心商讨摊位名称、制订招揽顾客的营销策略、合作设计广告牌、制作宣传海报，热火朝天地准备大干一场，还学会联络"推销员""外卖小哥"

创设增值服务，让生意更加红火。在真实情境下体验不同职业的工作内容，以专业品质完成不同职业角色的零距离接触。

◆四、"走读杭州"：观察不同职业

"群星闪闪，走读杭州"主题实践活动已经延续十多年之久，覆盖集团全体师生，并不断结合时事开拓创新，致力于通过发掘各种历史文化资源与自然资源，与课程进行合理整合，组织学生开展职业生涯体验。通过实地走访，一方面帮助学生深入了解各类场馆中各种职业的特点；另一方面是将生涯教育和社会实践相结合，引导学生有意识地将学校所学与社会所需相联结，满足个性发展、成长规律和发展成才的需求。

学校开展的"走读杭州"活动基于生涯教育的视角，整合杭州本土的地域资源，确定主题式的走读项目，推进实地考察体验，引导学生自主合作，探究神奇的自然之景、感受明艳的家乡风光，引导师生通过阅读、看展、行走、搜集资料等充分挖掘历史古迹和名人故居的内涵，让每一名师生都能受到杭州文化的真实滋养。走进名企，更是为学生打开广阔的职业世界，通过走读得到了解不同职业的内容及内涵的机会，也可以实地体验真实的工作世界，加深对劳动与工作意义的理解，从而对自己实现人生价值抱有更多的期待。

【案例 4-10】 走读社会名企

杭州的知名企业不在少数，就丝绸行业而言，万事利、都锦生等一众资深品牌共同肩负起"丝绸之府"的责任与使命。中国丝绸博物馆也坐落在这座人杰地灵的城市，各类丝绸专卖店更是不计其数。通过前期的资料搜集、交流讨论，确定小队合作探究的主题，完成职业探索的计划等一系列筹备工作后，四年级学生走进了万事利丝绸文化博物馆，扑面而来的文化气息让所有人深深陶醉，为民族工艺而深感自豪。学生欣赏着丝绸制成的精美艺术品，了解了丝绸技艺的发展历程，体悟到制作丝织品必须严谨细致，特别是看到万事利的丝绸工艺品被作为国礼赠送给外国元首时，更是激动不已，感慨薄薄丝绸却承载厚厚情谊。在走读过程中，每个小队都带着自己的探究主题认真参观、聆听讲解、记录笔记。学生还了解到企业创始人沈爱琴生平的一点一滴，激发自己理性思考目前的学习与未来的职业的联系，初步产生生涯规划意识，为将来能够适应多变的社会环境做准备。

案例 4-10 的活动让学生走进真实的企业去了解创始人的创业历程，去感受企业的发展历史，从而使杭州名企成为生动的课堂。走读杭州贯穿六个年级，集团根据学生身心发展规律，按照从简单到复杂的原则设计了"赏家乡美景，绘七彩杭州""寻历史古迹，品家乡文化""访名人故居，传名人美德""参与社会服务，感受幸福生活""场馆当作课堂，研究促进成长""研究身边事，学做社会人"六大主题。除此之外，学生还走进了娃哈哈集团、杭州王星记扇厂、传化集团、巨星集团等多个名企，在参观的过程中积极探索、拓宽视野，感知杭州名企各自不同的企业特色、企业文化、企业精神、企业的创业史，了解创始人传奇的故事等，为拓宽视野，培养创新能力、社会责任感和民族自豪感打开了一扇新的学习之窗，体验不同职业的乐趣，在体验的过程中，逐步明晰自己的职业方向。

五、"一日体验"：走进生涯体验

每年寒暑假、春秋假，学校大队部都会向全体队员发出劳动倡议，号召队员们利用假期的一天时间，到社会上去参与"一日职业体验"的活动，可以跟随父母感受和体验工作岗位，也可以作为志愿者去参加社会工作体验。

响应倡议，全体学生行动起来参与社会劳动，完成"一日职业体验"，以图文并茂的形式呈现自己的劳动过程，包括劳动前的准备、劳动步骤和劳动后的收获等，最终完成一篇劳动日记。

【案例 4-11】 体验饼干制作和餐厅服务

假期里，学校鼓励每一名学生走出家门，走向社会，我很喜欢参加志愿者活动，这样的体验会让我觉得充实而幸福。我们小队在妈妈的组织下走进了杨绫子学校附近的一家咖啡屋，这一整天，我们都和哥哥姐姐们一起，为来到这里的人们提供需要的服务。无论点餐、端食物、清理餐桌，我们都干得不亦乐乎。哥哥姐姐们非常友善，虽然他们的动作有时候会有点慢，但是我能感受到他们的认真和面对生活中困难的勇气，我也要多多向他们学习。

案例 4-11 的"一日体验活动"让学生走出校园、走进社会，在体验活动中激发创造力，唤醒生命力，同时也在职业体验中学会尊重身边每一个人。除此之外，他们有的做志愿者，在"小红帽扮靓小红车"的活动中，通过自己的劳动给城市带来点滴的美丽；在"学雷锋"活动中，走进社区、环卫驿站，打扫卫生、熬一锅腊八粥，用劳动为独居老人、城市美容师送上一份小小的心意；也有学生走进杭州东站、走进养老院，为人们提供自己力所能及的服务。总之，我们将劳动融入生活，充分利用社会资源，打造一座学生职业体验的"大观园"。让学生在小学六年间，尽可能多地体验不同职业，让学生从多方面了解社会，接触各行各业，萌发职业兴趣，从而为学生主动规划人生奠定基础。

●六、"学军学农"：深入职业体验

学军学农活动的开展，是基于对不同学段学生年龄特点的考量，以日常生活劳动、实践劳动和服务性劳动为主要内容，坚持每学年组织四五年级学生参与学军、学农实践活动，磨炼队员意志品质、厚植爱国情怀的同时，探索军、农生活的乐趣，如表4-2所示。

表 4-2　主题活动安排

四、五年级学农学军职业体验活动安排表			
日期	时间	四年级学农活动安排	五年级学军活动安排
第一天	9:00—10:00	9:00—10:00 入住营地	
	10:00—11:00	入营仪式：奏唱国歌、下达命令、入营宣誓、授战旗、领导讲话并宣布正式开训	入营仪式：奏唱国歌、下达命令、入营宣誓、授战旗、领导讲话并宣布正式开训
	11:00—11:30	就餐纪律路线教育＋午餐	安全教育＋营地生活须知
	11:30—12:00	安全教育＋营地生活须知 军事素养：内务教学多媒体教室	午餐＋整理内务：餐前一支歌、餐前训导、打扫餐桌卫生
	12:00—13:30	内务整理＋午休	内务整理＋午休
	13:30—15:00	农活大作战：菜园管理＋篱笆搭建	军事纪律宣导：士气提升 军事技能：单个军人队列动作的基础——军姿训练 身姿体态矫正
	15:00—17:00	农事运动会：二十四节气翻卡＋小推车运粮	军事技能：单个军人队列动作——立正、稍息、跨立、停止间转法

续表

四、五年级学农学军职业体验活动安排表			
日期	时间	四年级学农活动安排	五年级学军活动安排
第一天	17:00—17:30	晚餐	晚餐＋内务卫生评比
	18:00—18:30	内务卫生评比	军情教育
	18:30—20:00	纪律教育：列队训练	国庆大阅兵观看
	20:00—21:00	洗漱就寝	洗漱就寝
	21:00	熄灯休息	熄灯休息
第二天	7:00—7:30	起床、洗漱、整理内务	起床、洗漱、整理内务
	7:30—8:00	列队训练（停车场A1）	列队训练
	8:00—8:30	早餐	早餐
	8:30—10:00	现代农业：水培管道搭建	军事技能：单个军人队列动作的基础——军姿训练、身姿体态矫正
	10:00—12:00	安全小卫士	军事技能：单个军人队列动作——蹲下起立、敬礼礼毕、脱帽戴帽
	12:00—12:30	午餐	午餐
	12:30—13:30	午休	午休＋内务整理
	13:30—15:00	农活大作战：植树添新绿	军事技能：单个军人队列动作——齐步的行进与立定
	15:00—17:00	新农村考察（徒步＋项目学习）	武器体验：火箭筒射击、扣动扳机体验秒发火箭、射击完毕后继续组织训练
	17:00—18:30	晚餐	晚餐＋内务卫生评比
	18:30—20:00	晚间休闲：篝火晚会	晚间休闲：篝火晚会
	20:00—21:00	洗漱就寝	洗漱就寝
	21:00	熄灯休息	熄灯休息

为让学生更加深入地体验职业生活的酸甜苦辣，集团特别为四年级、五年级学生各开展为期三天的年级综合实践"走读活动"，四年级

开展"我的田园生活"——学农活动，五年级开设"我的军营生活"——学军活动。在田间地头，学生化身小农夫，在农民伯伯的带领下体验农事劳作，烹饪一桌地道的农村美食，实地感悟"粒粒皆辛苦"的意义。在军营里，学生以军人的标准严格要求自己，听从教官的指令，整理内务、站军姿、拉练……

【案例 4-12】 五年级学军活动

五年级学生在学军活动中，参与火箭模型的设计与制作，模拟真实情境发射火箭模型，利用缓降器进行逃生演练，在射击场挑战神枪手……烈日当空，小小少年们坚持不懈，磨炼意志，一次又一次挑战自我极限。此外，学生也参与电器维修，争做小小修理员；学习创伤救护，心肺复苏，争当红十字救护员等；尝试各类职业工种，借此机会零距离接触社会，在真实体验的过程中了解不同社会职业所需技能，获得对不同职业的亲身体验。

案例 4-12 的活动让学生利用三天时间体验真实的军营生活，感受军营里的苦与甜。三天的学军生活让学生懂得坚持不懈、团结合作的意义，懂得了严明纪律的重要性，增强了独立的意志力。相信在未来的职业生涯中，学生会带着这些宝贵的品质努力前行，成为最好的自己，让热爱祖国、保家卫国的种子从小根植于学生的内心。

四年级的学生开展的是为期三天两夜的农事体验活动（如图 4-4），在农户家中学习播种、割麦、挖番薯，既感受到下地劳作的艰辛，也享受着农耕收获的喜悦。

图 4-4　劳动教育

第四节　融洽展示生涯能力素养——从自发走向自主

学生有了一定的职业憧憬，就会在无形之中提升学习主动性，尤其会侧重选择自己喜欢的课程加强学习，同时也能够展现自身特长，为实现职业梦想打好基础。

一、私人订制，指向兴趣拓展

有研究表明，小学生只关心与自己相关的事与物，有兴趣才会充分地去认识和了解，才能在自己的现有基础上有所发展和进步。集团根据学生的年龄特点和身心发展规律，依托教师资源，开设丰富多彩的拓展课程，允许学生自由选择的同时，促使学生在拓展课程学习中了解自己，联通工作世界，在精品课程的竞赛中，激发兴趣，主动学习，搭建自主发展的平台。

依据学生的需求，学校通过宫校合作的方式，在"'校社融通'课程"开设了 140 余门特色课程，这些课程内容新颖、形式活泼，选择的自由度大而负担小，深受广大学子的喜爱，这些课程更是学生成长的宝贵资源。例如集团最具特色的"木工坊"课程，学生参与设计模型、微车床切割，组装成型、上色、布展，等等。该社团成员的作品屡屡获奖与展出，在杭州市内已小有名气，"小木工"们学习工作两不误。

通过各种职业体验活动，学生会逐步探寻自己的潜能，寻找适合自己的"岗位"、扮演一个角色、获得一次体验、明白一个道理、养成一种品质、学会一种本领。这些职业生涯启蒙都将有意识地营造出真实情境，以促进学生对于社会的认知发展，使其在扮演社会角色、参与社会生活的过程中，融思想道德教育、安全教育、劳技教育、职业教育等诸多教育内容于一体，让学生了解社会结构功能和社会运行规则，掌握简单的行业相关知识与技能，也能够引导其参与自主管理、协同合作，奋力进取，提升核心价值观，培养现代化公民素质，促进其社会化发展。让学生在快乐中体验，在体验中感悟，在感悟中成长。

【案例 4-13】"创客空间"精品课程评比

"创客空间"是由集团信息和科学教师共同开发并实施的课程。"创客"一词来源于英文单词"Mak-er"，是指出于兴趣与爱好，努力把各种创意转变为现实的人。我们的创客空间为有共同兴趣的学生（通常是对电脑、机械、技术、科学、电子技术）进行社交、展开合作提供一个平台。

小创客们在"创客工坊"体验创客的工作，前期以小组为单位，对日常生活和校园生活中的各类感兴趣的问题开展调查，中期针对所提出的问题开展头脑风暴、设计方案，并通过"旋转木马式"的小组合作方式，让每一个小组都对同一份方案提出建议，集思广益。另外，小组成员会对现有产品开展调研，与身边同学、朋友、家长开展有计划的访谈活动，进一步修改方案。后期则由小组成员结合方案搭建模型，通过编程实现产品的研发，并在拓展课程展示节中宣传展示，甚至义卖自己的产品，活动的开展和推进有趣又不失深度。

案例4-13中的拓展课程对一些有特殊发展需求的学生开辟了绿色通道，让每名学生的课表如"私人订制"，让学生感受到发现问题的重要性，同时体验了产品设计的整个流程，这对学生而言是一种深度学习，更是对各种职业的零距离接触。让学生了解市场调查的重要性、方案设计的缜密、程序编写的逻辑，以及产品宣传的理念，调动学生的兴趣，让学生从中探索自我需求，锻炼能力，体验学习的快乐，从而把握自我发展的方向。

▆二、摘星圆梦，指向个性张扬

为有特长或是有特殊需求的学生设计个性化的培养方案，为此类学生创造一个展示平台，助力学生摘到梦想中的星星。

每一个学生都有自己的梦想，在校长、教师的教导和激励下，学生在追梦的道路上尽情奔跑，采摘梦想中的星星。为了尊重每一个学生的个性、特长，为了鼓励学生为实现自己的梦想坚持不懈，也为了帮助学生顺利圆梦，学校为学生订制了培养方案，同时搭建了专门的展示平台。

【案例4-14】 一个学生和一个画展

宋同学小小年纪却有着多年的美术学习功底，加上对美术的热爱和自身的努力，五年级的她已经能够驾驭多种绘画形式，在美术方面获得了丰厚的积累。为了鼓励宋同学能够继续深入培养她的兴趣特长，学校为她设计了个性化的培养方案，同时专门为她开辟了一个展示舞台，让

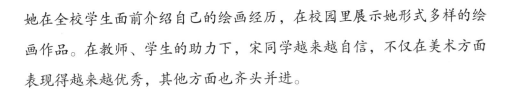

她在全校学生面前介绍自己的绘画经历，在校园里展示她形式多样的绘画作品。在教师、学生的助力下，宋同学越来越自信，不仅在美术方面表现得越来越优秀，其他方面也齐头并进。

类似案例4-14中的事例还有很多，比如方喆同学已是国家健将级运动员，并在各项赛事上屡屡获奖：2018年省运会游泳项目获得6金，2019年全国青运会获得男子乙组接力2金。应沛成同学曾开设钢琴演奏会，王孙杰曾开设个人书法展等。为了给有特长的学生进一步打造量身定制的社团，学校近些年成立了啦啦操队、武术队、车模队、木工坊等多元化的社团。学生也通过各种比赛、展示、个人专场等提升社团的水平，提高社团影响力的同时，更提升了学生的综合素养。

●三、各级竞赛，提升核心素养

学生积极参与学校开展的各种活动，结合自己的职业倾向选择相应的活动参加，都获得了很好的发展。学校足球队在2019年获江干区小学生足球赛第二名，并作为代表队参加杭州市"市长杯"足球联赛，取得杭州市第七名的成绩，如图4-5所示。学校啦啦操队无愧于"冠军队伍"的称号，曾连续4年获得全国啦啦操联赛（杭州站）冠军，连续4年获得杭州市少儿阳光体育健美操、啦啦操锦标赛冠军，荣获2018年全国啦啦操创意展示大会特等奖，2015年浙江省首届啦啦操锦标赛小学甲组第一名，浙江省教育厅、浙江省体育局举办的浙江省第十四届中学生运动会2017—2018年度啦啦操比赛普及推广组二等奖，如图4-6所示。在各训练队的共同努力下，学校综合运动会团体总分获得2019年江干区中小学生运动会第五名的好成绩。

图 4-5 足球比赛　　　　　　　　图 4-6 啦啦操展示

在少先队各项评比中，胡晨轩的作文《寻根家乡的桥》获杭州市第二届中小学生"我的春节"主题征文大赛一等奖；许晗诺获 2019 年杭州市"火炬金奖"少先队员。此外，近 3 年来，400 余人获"校优秀少先队员"荣誉称号，150 余人荣获"江干区优秀少先队员"荣誉称号，20 余人荣获"杭州市优秀少先队员"荣誉称号。

此外，"采三"学子还积极参加各种大型活动，展示少先队员良好的精神风貌。近几年，学校学生经常被邀请参加全国"千课万人"的教学展示活动，涉及语文、数学、英语、音乐等多个学科，学生在课堂上的学习积极性、自主学习能力、合作学习能力等，都让与会的专家和教师刮目相看，赞不绝口。2018 年 9 月江干区第十六届运动会开幕式上，学校 1000 多名学生齐跳啦啦操，在结尾时快速变换成"潮"字，令人叹为观止。学校还开展以班级为单位的啦啦操校园竞赛，比赛加入自选动作，自主性、探究性更强，每个班都有抢眼的表现，这也充分体现了学校的啦啦操运动深受师生的喜爱。

课程导向、主题实践、项目学习、以赛促学，是"家校社融通"课程生涯启蒙教育的主要形式，它们不断循环，不断提升学生的成长，为学生一生的发展打下了坚实的基础。

第五章

多维增值:
生涯启蒙教育的评价探索

　　历史和现实证明，教育评价对于人才培养模式的改革和教育体系的建设具有独特的、不可替代的作用，对于教育发展和改革具有多方面的推进性功能。[①] 对于生涯启蒙教育而言，评价扮演着重要的角色，生涯启蒙教育的评价包括对学生的评价、对教师的评价和对学校生涯教育效果的评价。对学生的评价主要集中在学生获得的生涯素养方面；对教师的评价主要集中在育人意识、育人能力方面，包括课程开发与实施能力；对学校的评价主要集中在学校生涯教育工作的特色品牌等方面。实际上，对不同对象的评价最终还是要看学校开展生涯启蒙教育对学生产生的影响，学生的素养表现在多大程度上达到了生涯启蒙教育目标的要求。本章主要探讨生涯启蒙教育的评价理念，以及在评价理念指引下学校的评价实践。

■ 第一节　生涯启蒙教育的评价理念阐释

　　2020 年 10 月，中共中央、国务院印发了《深化新时代教育评价改革总体方案》，明确指出"教育评价事关教育发展方向，有什么样的评价指挥棒，就有什么样的办学导向"，并提出了"改进结果评价，强化过程评价，探索增值评价，健全综合评价"[②] 的总体方向，为深化我国

---

① 谈松华. 关于教育评价制度改革的几点思考［J］. 中国教育学刊，2017（4）：7—11.
② 中共中央 国务院. 中共中央 国务院印发《深化新时代教育评价改革总体方案》［EB/OL］. https://www.gov.cn/zhengce/2020-10/13/content_5551032. htm, 2020-10-13/2021-01-05.

未来教育评价改革指明了方向。生涯启蒙教育的评价应该在新时代教育评价理念的指引下，探索既符合时代要求又符合生涯教育特点的评价思路。评价不仅对预设课程目标的达成效果进行检验，而且对生成性课程内容的达成成效进行检验，评价的导向作用不言而喻。[①] 对生涯启蒙教育的评价理念的阐释，就是为了充分发挥评价的导向性作用。

一、评价立场的人本化

人的问题不仅是哲学的基本问题，也是教育的基本问题。当把人作为教育的基本问题的时候，实际上就是把人的发展作为教育的基本问题。既然人的发展是教育的基本问题，那么必然也是生涯启蒙教育的基本问题。从逻辑上讲，生涯启蒙教育是为了学生的全面发展，作为生涯启蒙教育重要组成部分的评价也应该为了学生的全面发展。有时候，我们看到的情况是，生涯启蒙教育的评价是一种为了评价的评价，为了工作的评价，甚至是一种忽视学生全面成长的评价，这就从根本上背离了评价指向人的发展、促进人的发展的初衷。生涯启蒙教育的评价应该把人的发展，特别是人的全面发展作为评价的出发点和落脚点，这是一种对教育本质的追求，也是一种教育评价回归其本身价值的基本要求。

前文已述，生涯启蒙教育存在"功利化""工具化""职业化"等现象，这种现象实际上是以牺牲人的全面发展为代价的，或者是把人的发展作为手段，人变成了一种工具性的存在，这是工具理性、技术理性极端化的表现。试想一下，没有人的发展，评价的意义何在？没有人的全面发展，评价的价值何在？因此，新时代生涯启蒙教育应该树立的第

---

① 孔凡哲，康翠萍. 实施2017版高中课程方案与课程标准的评价诉求 [J]. 教育科学研究，2018（9）：5—10.

一个理念就是人本化理念，即以人为本的理念，以人的发展为本的理念。首先，指向人的发展的评价，应该把人的全面发展作为评价的基本原则。人的全面发展不仅是我们国家的教育目的，而且是一个人发展的必然要求。其次，指向人的发展的评价，应该是把发展作为第一要务的评价。学生是发展中的人，具有无限的发展潜能，教育的目的就是发展学生的各种潜能，而不是抑制或者打压学生的发展。生涯启蒙教育的评价应该指向学生的发展，也就意味着要充分尊重学生的个体差异和个性特长，让学生在各个方面都得到适合的发展。再次，指向人的发展的评价，应该是把学生作为评价主体的评价。生涯启蒙教育的评价要以学生的全面发展和终身幸福为旨归，发挥学生在课程评价中的主体作用，站在学生的视角完善开发课程，凸显课程与学生生活经验的联系，让课程真正适应学生成长需要。

●二、评价目标的素养化

生涯启蒙教育说到底是一种对学生生涯素养的培育，因此，生涯启蒙教育的评价也应该是以素养为导向。素养本位的评价与知识本位的评价是相对的，知识本位的课程评价的一个显著特征是静态评价，即根据学生知识与技能学习的情况，通过纸笔测试的方式，对学生已经习得的间接经验的评价，这种静态的评价忽视了学生成长的过程性、课程发展的创生性和素养培育的持续性。而基于核心素养的课程评价是一个持续的意义建构过程，它发生在真实情境下，通过社会协作、经验以及关于意义、价值和行动的协商来实现。①

---

① 雷浩.基于核心素养的课程评价：理论基础、内涵与研究方法［J］.上海师范大学学报（哲学社会科学版），2020（5）：78—85.

美国生涯教育研究者认为生涯发展是人的成长过程并且具有突出的个性化特征，因此，不能通过传统的评价方式对学生的学习成果进行评估。生涯教育课程的目的是让学生通过学习，认识到他们获得了更多的生涯发展知识并能运用所学对自己未来如何发展做出正确的选择与规划。① 学生通过学习形成的综合素养才是生涯教育课程关注的核心，因此，美国生涯教育研究者建议教师通过在课程开始与结束时实施前测与后测，对学生的学习进行整体评价，并基于评价对学生未来的课程学习与生涯发展提出建议。更为重要的是，教师应通过课程评价帮助学生认识到，他们通过生涯教育课程的学习具备了哪些与生涯发展相关的知识及为自己未来发展做出选择与决定的能力。② 要充分发挥评价的诊断和改进功能，通过评价结果发现学生在自我认识及生涯规划中、学校在开展生涯教育中存在的问题，并有针对性地提出改进措施。同时，将评价结果纳入学生综合素质评价，作为高校招生录取的参考依据。③

◆ 三、评价方法的多样化

评价方法主要解决的是"如何评"的问题，对于生涯启蒙教育而言，因为指向人的全面发展，指向所有人的全面发展，也涉及人的发展的方方面面，所以评价要采用多元化的方式，综合运用多种评价方式进行评价，这也是新时代教育评价改革中要求健全综合评价的体现。

一是生涯启蒙教育的评价应该是过程性评价与结果性评价的结合。

---

① Nancy Perry, Zark Van Zandt. FOCUS ON THE FU TURE: A Career Development Curriculum for Secondary School Students [M]. New York: IDEBATE Press, 2005: 4—20.
② 刘海霞，苏永昌. 美国生涯教育课程理念及其启示 [J]. 当代职业教育，2020（1）: 42—48.
③ 索桂芳. 核心素养评价若干问题的探讨 [J]. 课程・教材・教法，2017，37（1）: 22—27.

所谓过程性评价，主要是对学生的日常学习经历、实践体验的评价，比如档案袋评价法，就是为每一名学生建立生涯发展档案袋，记录学生的基本情况和发展情况，帮助学生明晰自己的发展路径。所谓结果性评价，主要指的是以考试的方式对学生的学习效果的评价，这种评价一般具有量化性、高利害性的特点和甄别选拔的功能，一般是纸笔测试。对于生涯启蒙教育而言，因为具有较强的发展性，因此应该以过程性评价为主，辅之以结果性评价，而且结果性评价也应该是多样的，可以是考试，也可以是表现性评价，只要能够把学生的生涯素养呈现出来的评价都是可以的。

二是生涯启蒙教育的评价应该是量化评价与质性评价的结合。作为不同的评价方法，量化评价和质性评价各有利弊，其作用和功能是不同的。量化评价的特点是易衡量、显性化、好操作，而且可以进行大面积的评价，具有覆盖面广、及时高效的特点。比如，对自我认识的评价可采用生涯测评工具对职业兴趣、性格、能力等进行测量，这种评价方式实际上已经比较普遍。但是学生的生涯素养，不是简单的生涯测量工具所能测量的，这就需要采取质性评价。对于生涯教育目标中难以衡量的内隐性的信息，可以采用质性评价，比如，对职业体验活动的评价可通过观察、分析、归纳与描述等方法对学生的表现作"质"的分析与解释。

三是生涯启蒙教育的评价应该是自评与互评相结合。俗话说"兼听则明，偏听则暗"，强调听取多方面意见的重要性。对于生涯启蒙教育而言，也应该坚持这样的理念，注重自评与他评相结合。生涯启蒙教育的一个非常重要的任务就是让学生认识自己、发展潜能、规划人生，因而，自我评价是非常重要的。但同时我们也应该看到，很多时候，自我评价并不客观，有失偏颇，这时候就需要对学生的生涯素养进行整体评价，可采取学生自评、同学互评、相关方（社区、企事业单位、专业机构等）参评、家长评价，最后，教师根据自评、互评、参评意见和家长评价意见，对学生作出综合评定。只有这样，对学生的评价才是真实的、客观的、有效的。

◆四、评价主体的多元化

对于生涯启蒙教育的评价而言，除了要考虑"评什么""如何评"之外，还有一个非常重要的内容需要思考，那就是"谁来评"，"谁来评"的问题就涉及评价主体的问题。应该讲，谁来评的问题是评价中非常关键的问题，因为评价的本质是对评价对象进行价值判断的过程，而涉及价值判断的时候，评价主体的主观性就是不可避免的。在某种程度上，评价主体问题是生涯启蒙教育评价的核心问题，因为评价主体所体现的价值观和个人需求对评价影响巨大。

单一性的评价主体对于生涯启蒙教育的评价是极为不利的。一方面，从人的发展的角度讲，人的发展是多样化的发展，人的生涯发展也是多方面的，而且每个人的发展都应该是不一样的，单一的评价主体会导致所有人的发展按照统一的模式进行，这种评价方式不仅违背教育规律，而且违背人性，因为人的发展是一种充分发挥主观能动性的发展，这种发展强调个性的张扬和潜能的充分发挥，这就需要评价的多主体参与，从不同的角度去发现学生身上的闪光点，去挖掘和培育学生的优势智能。另一方面，从学校的发展的角度讲，学校的发展也需要多主体的参与。学校办学要坚持开放性，要充分发挥育人的主导作用，很好地协调各种育人资源共同促进学生的成长。比如美国的生涯教育课程评价所需要的数据常分为过程型数据和感知型数据，其中感知型数据的来源包含学生、教师、家长、学校管理者、学校辅导员等所有利益相关者，主要采用调查和收集其对课程要素的认知、态度和价值判断等方式。①从数据来源可以看出，对学生的评价采用一种多元主体评价的方式。这里笔者要特别强调两点。一是协调好不同评价主体的关系，实现"1+1＞2"的效果。霍普金斯认为，内在评价者与外在评价者可以互相帮助，并扮演合作的角色。课程专家等外在评价者能做到"旁观者清"，在学校文化之外掌握课程的外在性；教师和学生等内部评价者实则掌握了内部运作和实践的实情。②这实际上就是强调在评价中要把内在评价和外在评价的关系处理好，实现多主体合作共赢。

上文已述，家庭教育在生涯启蒙教育中发挥基础作用，这种基础性主要表现在三个方面：一是家庭教育的初始性影响是不可替代的；二是家庭教育的关键性作用是需要充分发挥的；三是家庭教育的持续性影响是不可忽视的。正因为如此，家长在生涯启蒙教育评价中的作用是不可或缺的。

同样，社会教育在生涯启蒙教育中发挥着重要的支撑作用，这种支撑作用主要体现在：一、社会教育可以为生涯启蒙教育提供重要的载体支撑；二、社会教育可以为生涯启蒙教育提供重要的资源支撑；三、社会教育可以为生涯启蒙教育提供重要的环境支撑。因此，良好的社会教育有利于学生的社会化，有利于丰富学生的精神生活，增强学生的实践能力，培养学生的职业意识和生涯规划能力，从评价的角度讲，生涯启蒙教育特别需要社会参与，缺少社会评价显然是不可取的。

① 杨洋.美国生涯教育课程构建的特点与启示［J］.教学与管理，2022（03）：105—108.
② David Hopkins. Evaluation for School Development［M］. Milton Keynes: Open University Press, 2006: 84.

要充分发挥学生在评价中的作用。学生是评价的对象，也是评价的主体，生涯启蒙教育的评价不能没有学生的参与。学生参与课程评价，可以很好地发挥学生的主观能动性，彰显学生的主体地位，发展学生的自我意识，让学生对课程的认知从外在的、静态的、客体的变成内在的、动态的、自主建构的，学生在这一过程中，个人的创造性、自主性、生命价值得到了充分张扬。因为学生深度参与的课程评价，评价过程既是一个自我意识进一步觉醒和发展的过程，也是一个自我价值观和责任意识获得发展的过程。①

第二节　生涯启蒙教育的多元评价实践

在杭州采荷第三小学教育集团开展基于"家校社融通"的生涯启蒙教育中，学生的成长评价与学业评价迥然不同，我们持续推陈出新，创新评价方式，让成长真正可视化。例如，通过作品展示排列显示学生生涯探索的全过程；通过期末非纸笔测评，评估学生个体的职业生涯认知水平；还可以通过个性发展报告，全方位记录生涯发展过程。

一、多样化生涯启蒙教育评价样态

我们按照评价立场人本化、评价目标素养化、评价方法多样化、评价主体多元化的评价理念，采用作品展示，呈现生涯探索；进行非纸笔测试，测评生涯认知；撰写个性化发展报告，全方位记录生涯成长；打造数字童年平台，进行"地图式"展示，以期以多样化的评价方式评估学生的生涯素养。

---

① 夏永庚.论学生的课程权力［J］.教育发展研究，2016，36（Z2）：50—55，124.

（一）作品展示，呈现生涯探索

丰富的生涯课程、多样的生涯体验，都需要给学生搭建展示的舞台，这是学生认识、体验、成长的重要环节。具体包括：调查研究，在学习中提升；合作交流，在交往中成长；观察思考，在实践中创新；展示分享，在运用中规划。为了记录学生的生涯启蒙过程，学校建立了静态展示与动态展示相结合的机制，展现学生的学习成果，播撒职业的理想种子。

教学楼大厅、墙面、走廊上，内容丰富的展览总能吸引众多师生驻足观看，也受到了不少参观者的称赞和好评。展示区陈列着学生在"创意生活""手绘艺术""金石书韵""黏土故事会"等拓展课程中的优秀作品。一幅幅构图精巧的美术画作，一张张工整美观的书法作品，一块块色彩绚丽的涂色天地，一幅幅想象丰富的版画……无不彰显着学生的童心与创造力。（图5-1）

图 5-1 学生作品展示

优雅又好看的手工钩花、精美的绣花作品、立体的诗配画、小纽扣成就的大世界……这些都是学生结合自己的兴趣发展的技能；精彩绝伦的艺术节目、high 翻全场的空竹 show、生动有趣的外语对话、婉转动听的昆曲表演……这些都是学生经过自己的努力，自导自演的动态演出；还有创客小达人在生活中认真观察，通过分析问题、运用所学知识解决问题，完成了智慧社区的创作，培养了创新创造能力，更培养了自己今后在职场中所需的团结互助精神，所有这些都为今后的职业选择做了良好铺垫。

（二）非纸笔测试，测评生涯认知

为让一二年级的学生更真切地感知社会职业，集团联通"校社融通"课程，设计真实的情景，引导学生通过体验的方式了解社会不同职业的工作特点，初步掌握从事相关职业必备的基础技能，以此培养学生健康的生活理念，必要的生活技能，同时提升人际交往、学习能力和创新能力，我们开展了"Do 都城——摘星圆梦的快乐职业体验之旅"综合评价活动，以此来了解生涯认知情况。一年级选择考古研究院、邮局、环境监测、电视台、魔术屋、银行、创意工坊等具体场馆，设计了"快乐生活我能行"活动方案。

"我是社会一员"——西点师体验活动方案

一、活动目标

1. 通过认读卡片，了解制作面包的原料、工具和步骤，并尝试动手操作。

2. 学会初步使用计时器和天平，初步使用烤箱。

二、活动准备

（1）听专业教师讲解，确保活动开展的安全。

（2）按要求进行分组，确保每个学生都清楚职业体验的任务。

（3）分类放置制作面包的原料和工具等。

三、活动流程

以小组为单位进入面包房，每人抽取一张面包原料、工具或步骤的卡片，小组合作认读并放置在相应的位置；在专业教师的指导下用小面团制作自己喜爱的形状，并听清楚使用烤箱的方法，获得一张体验成功的卡片。

四、评分标准

1. 学习能力

能够根据要求，正确认读原料、工具或步骤得3分，完成面包制作得2分，听清楚步骤并参与体验得3分。

评价标准：得5分及以上盖五角星，得4分盖红旗章，得3分盖笑脸章。

2. 人际交往

（1）候场排队时，能做到安静有序、文明礼让。

（2）进入场馆之后，能有礼貌地向老师问好。

（3）在活动过程中做到认真倾听老师要求。

（4）不打断老师与其他同学的交流。

（5）在递游园卡的过程中，能双手递上并主动向老师说谢谢。

评价标准：能做到5条及以上者为优秀，盖五角星章；做到4条为良好，盖红旗章；做到3条为合格，盖笑脸章。

在开展团队合作、完成挑战任务的过程中，激发学生自主参与，评测生涯认知水平。

（三）个性化发展报告，全方位记录生涯成长

在生涯认知测评结束后，教师会根据游园卡上的"场馆活动"评价等第和六年级小队长给出的"行为礼仪"评价数据折算出每名学生相应的综合素养板块的得分。借助分析软件生成一份简单清晰的雷达图，并从每个维度出发给出简要的评语，以供学生了解自己的发展优势和努力方向。（图 5-2）

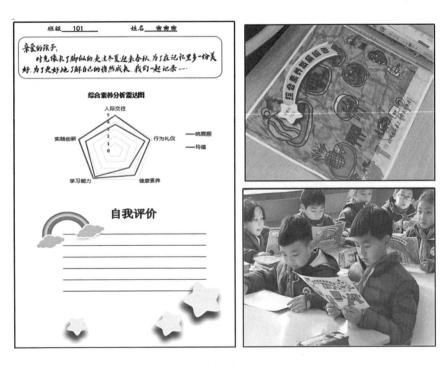

图 5-2　个性化发展报告

这份生涯启蒙评估报告的封面上印的是每名学生本学期最优秀的一幅美术作品。如此"独一无二"的测评报告得到了学生、家长和社会的肯定和好评。在下阶段的改革过程中，学校将进一步思考综合素养各项数据生成方式的合理性、科学性和可操作性。

（四）数字童年平台，"地图式"展示

"数字童年"是基于碎片式学习、混龄式交往圈、网络虚拟学习个体重组等理念开发的。其中"我的空间"是数字童年功能的核心，所有基础数据均从该模块写入和展示，主要分为成长档案、学习评价、自习室、阅读训练、雏鹰争章、教育地图等六大模块。与此同时，平台结合"走读杭州"特色课程，与学生人手一张的"市民卡"对接，实时读取学生"家校社融通"课程学习的基础数据。将学生参加的"'家校社融通'课程走读课程""雏鹰争章活动"等独立平台与学生在校的成长足迹、学习过程性评价以及传统的"家校通"等整合在一起，达到"一卡一份档案，一卡贯通家校"的目的。在开展生涯启蒙教育的过程中，学校充分利用数字童年平台，将学生生涯启蒙过程的点滴记录在"我的空间"，从而让生涯启蒙教育的档案建设更加规范化、信息化和时代化，为每名学生构建一份属于自己的生涯启蒙"地图"式的展示。

二、风荷家长研修院课程评价探索

为深化学校家庭教育指导建设，更好地利用家长资源，提升家庭教育与学校教育的合力，实现家校协同共育，按照习近平总书记关于注重家庭、注重家教、注重家风建设发表的一系列重要论述和《中华人民共和国家庭教育促进法》《浙江省家庭教育促进条例》等文件要求，学校研发了"家长慧·风荷家长研修院"课程体系，打造系统化、科学化，具有指导意义的专业课程，内容包括家长集中学习、体验式家庭教育培训、家庭教育书籍学习、家庭教育优秀经验沙龙。希望通过一系列课程活动，让更多家长学习科学有效的家庭教育理念和方法，通过涵养好家

教，来经营好家庭，传承好家风，推动形成爱国爱家、相亲相爱、向上向善、共建共享的社会主义家庭文明新风尚。

（一）课程目标

课程目标按照年龄段（低段、中段、高段）进行制订，目标重点在强化家长的教育义务和责任意识，培养他们与孩子合作共育的观念，提升他们的自主性、积极性和自我效能感，把家长培养成为会主动学习育儿知识、具有较高育儿能力和家庭教育胜任力的新时代风荷好家长。（表 5-1）

表 5-1　课程目标

年级	研修院课程目标	负责部门
低段	增强育儿责任感，愿意参加风荷家长研修院课程活动，了解小学一二年级学生的年龄特点和学习规律，掌握高质量亲子陪伴的方法，主动与班级教师协同引导学生更好地适应小学生活。	德育处
中段	具有教育好学生的信心，培植亲密的亲子情感，积极参加风荷家长研修院课程活动，了解三四年级学生的年龄特点和学习规律，关注学生良好行为习惯的培养并掌握有效的指导方法。家校联合，共促学生全面和谐发展。	德育处
高段	乐意参加风荷家长研修院课程活动，营造良好的家庭氛围。了解五六年级学生的年龄特点和学习规律，关注青春期教育，掌握心理健康教育的指导方式和方法，指导学生调节好自身的情绪。	德育处

（二）课程内容

风荷家长研修院课程分为必修课程、选修课程、补给课程和邀约课程。其中必修课程包括校长开学第一课、班级研讨课、专家讲座等；选修课程主要依托星级家长执照"自助平台"，包括家校协同、亲子沟通、行为习惯养成、学习兴趣培养、心理健康教育等内容；补给课程包括志愿活动、幸福家庭日、亲子研学等；邀约课程包括手牵手家访、家长资源库、家长开放日等。研修课程根据需要分设不同的主题，包括但不限于教育观念、教育情感、教育问题、教育行为、自我效能感等方面。（图5-3、表5-2）

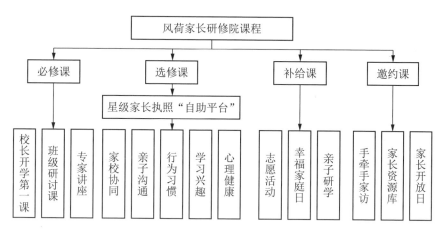

图5-3　风荷家长研修院课程框架

表5-2　风荷家长研修院课程主题

主　题	研修院课程内容	备注
教育观念	领会法规，做一名合格家长；父母是孩子的第一任老师；管教同步，严慈同体；新时代对家庭教育的新要求；让优秀在孩子成长中成为一种常态；父母是孩子学习的榜样；传承父母的优势，培养优秀的孩子……	
教育情感	有时间多陪陪孩子；育儿途径——亲子有效沟通；每天十分钟，亲子关系向前冲；孩子的成长路上有您；儿童喜欢什么样的家长……	
教育问题	改掉不良习惯的妙招；特殊儿童的干预和指导；孩子挑食偏食怎么办；如何培养自尊自信的儿童；如何解决电子产品给儿童带来的各种问题；如何做好单亲家庭子女的心理健康辅导；如何帮助儿童克服做事拖拉的习惯……	
教育行为	遵循心理发展规律，助力健康成长；品德启蒙，携手赋能；培养幼儿良好行为习惯——"扣好人生第一粒扣子"；幼儿学习能力的培养；幼小衔接怎么衔接；幼儿自理能力的培养；幼儿家庭中的安全教育；家庭中的环保教育……	
自我效能感	家庭文化建设；亲子阅读，书香家庭；家长学习，孩子成长；做一名有教育力的家长；与孩子一起向未来……	

（三）课程实施

风荷家长研修院建立了以校长为院长的组织领导机制，研究院的班主任为校级干部、家委会主任；副班主任为各班班主任、家委会副主任。研究院设立了宣传委员、学习委员等，保证研究院的相关工作顺利开展。

（四）课程评价

风荷家长研修院建立了"三位一体"的评价体系（图 5-4），评价主体包括教师、学生和家长。评价的具体要求包括：一是每学期，每位"采三"家长需认真完成规定的"必修课"，参与签到，并在定制的"成长助力营"笔记本上完成记录和反思，完成一次计 30 分，一学期 2 次，共 60 分，全部完成可获得"合格"认证；二是每学期，家长可根据自己的需求，选择相应的"选修课"进行学习，并在定制的"成长助力营"笔记本上完成相关记录和反思，一次计 5 分，总分无上限；三是

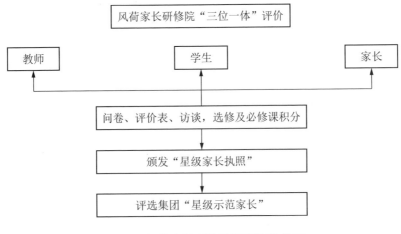

图 5-4　风荷家长研修院课程评价体系

每学期,根据"选修课+必修课"总分情况,每班分数最高的两位,当选为"示范家长"。学校进行统一公示,择优微信推送"示范家长"的学习成果和收获;四是六年均获得"合格"认证的家长,可顺利毕业,获得学校定制的纪念证书。根据六年总分,评选集团"优秀好家长"。

●三、"走读杭州"评价典型案例列举

"走读杭州"是学校生涯启蒙教育的品牌活动,主要以杭州的城市文化为载体,利用秀美的自然风光、悠久的历史古迹、积蕴厚重的名人故居、优秀的社会服务、生动的场馆课堂、有效的课题研究等各类资源来开发学生的各项技能,提升其人文底蕴、科学精神、学会学习、健康生活、责任担当、实践创新等素养,探索出互联网时代"活教育"的课程设计及实践模式。

浙江省《深化义务教育课程改革的指导意见》指出,拓展性课程主要满足学生的个性化学习需求,开发和培育学生的潜能和特长,拓展性课程的学习情况是评价学生综合素质的重要依据,应视学段和课程的不同,采用过程评价、结果评价等多种方法,以适应拓展性课程的多样性特点。教师可通过学生学习表现、学习感受交流、学习情况记录、作业分析,以及其他学习过程的证明、记录等,对学生的课程学习进行综合评价。体艺特长类和实践活动类考核可采用口头表达、才艺展示、模拟表演、实验操作、实验探究报告、调查报告、作品展示、小论文、表演、特长认定等多种方法。拓展性课程要特别重视引导学生根据学习活动记录档案,以及完成作业(作品)过程的记录或结果进行自我评价。评价结果可用等第、分数、评语等形式表示,也可以根据课程、学段特

点采用其他方法表示。据此，学校的"走读杭州"流动课程就采用了自我评价与他人评价、个别评价与集体评价、过程性评价与总结评价相结合的方式。

（一）三周一次常规走读流动课程的学习评价

对学生在三周一次常规走读流动课程的学习所进行的评价，我们主要采用了过程性评价的方式。过程性评价采用三周一汇报的形式，学生根据研究方案和外出探究结果进行小队汇报，年级不同，汇报的形式也不同，如绘画、诗歌、口头总结、剧本演出、课题研究……用不同的形式分享自己在走读杭州时的点滴收获，随后进行自我评价和他人评价。教师给汇报的小组发放"实践星"。

1. 绘画式汇报

一年级学生的认知过程与学前儿童有许多相似之处，无意性和具体形象性仍占很重要的地位。儿童绘画是儿童表达情绪、情感和对事物理解的一种方式，因此在一年级，尤其是第一学期，我们更多地采用"绘画式汇报"，让学生用绘画的形式表达每一次走读过程中的收获和感想，然后学生跟家长"说画"，即用语言的形式描述所画的内容。通过绘画和"说画"提高一年级学生的观察能力、动手能力和表述能力。

通过绘画的形式学生能够仔细回忆观察到的细节并发挥想象，既能提高学生的观察力，又可以提高学生的思维能力。在绘画的同时，通过画面呈现，培养学生一定的空间意识。让学生对景点指定位置进行绘画创作，也考验了他们的细节观察能力，细节展现越是丰富的画作，教师给予的分数就越容易高。我们对于汇报的评比，不单单是看学生的美术表现力，而是更加关注学生想要表现出来的东西。当然这样的汇报形式既受学生欢迎，也可以为学生的美术素养打下良好的基础。

2. 诗歌式汇报

二年级学生具有了一定的语文基础，走读完江洋畈之后，他们被江洋畈的美景所吸引和打动，很多学生纷纷采用创作诗歌的形式，来进行本次走读的汇报。

【案例5-1】　走读杭州课程学习后的学生作品

早春游湘湖下孙

207班　郑嘉楷　楼亚辉　金尚羽

春意盎然满湘湖，

独有书生游下孙。

春色满湖香满园，

弦声歌舞展春颜。

孙氏宗祠走一回，

悠悠历史铭心间。

亭台楼阁展古韵，

我望来年旧地游。

在这首诗中，学生用诗歌的形式记录下了自己的所见所闻。在班主任的引导下，学生运用自己已知的词汇，通过撰写诗歌，记录下自己游历的感受，有叙事的、有抒情的、也有议论的。此类诗歌式的汇报不仅加强了学生对参观景观的记忆和感受，也培养了他们寓情于物的生活情趣和人文素养。

3. 实验式汇报

与中低段的汇报方式不同，高段学生的汇报显得更加科学严谨。高段的活动以小课题研究为主，小组合作选择一个感兴趣的问题作为研究点，先撰写研究方案，再开展研究活动，最后分享研究成果。研究通常需要多门学科知识的交互，各学科教师的参与指导，让学生在一次次研究活动中受益匪浅。以下是高段的一次课题研究汇报。

【案例 5-2】 制作洗手液

1. 采集肥皂果

秋天，黄灿灿的肥皂果掉落下来了，我们去采集肥皂果。黄色的小果子，和板栗差不多大小，闻一闻，还有一点怪怪的气味。才一小会儿，我们就捡了满满一箱。

2. 剥取果皮

去除里面的黑子留下果皮，果肉金黄剔透，黏糊糊的，碰到水就会有小泡沫哦！一小会儿，我们就剥了满满一盆！看，像不像桂圆？有想吃的冲动吗？

3. 制取洗手液

在肥皂果皮里面加了水，居然马上产生了满满的一锅泡沫！泡沫洁白、丰富。

将肥皂果倒进锅里，加上比肥皂果肉多两倍左右的清水。水沸腾之后，用小火慢慢地熬，不停地搅拌。水变成了淡淡的土黄色，果肉已经涨开了，比原来大了一倍。水的颜色越来越黄越来越深！40分钟后，水变稠了，洗手液出锅喽！

将果肉放入准备好的纱布过滤，果肉里面的水分肯定很稠，而且很烫。怎么办呢？用榔头敲出来吧，哇！好多泡泡出来了！看，我们的肥皂果自制洗手液完成了，不错吧？泡沫很丰富，可是还不知道除菌效果好不好呢？让我们赶快去检测检测吧！

在上面这个案例中，秋天不起眼的肥皂果成为了学生研究的对象，肥皂果能做成洗手液吗？除菌效果怎么样？带着一连串的问号学生上网搜索了资料、请教了科学老师，然后开始动手实验。这一篇短短的实验过程记录让我们看到了学生留心生活、发现问题、积极尝试、解决问题的可贵品质，更看到了他们身上团结合作、探索的科学精神。此类汇报通过一次活动、一个问题，在解决问题的过程中逐步培养学生探究自然的兴趣，质疑、合作、交流、分享的能力。这些能力的习得将使我们的学生走出校园时更具竞争力。

4. 演出式汇报

比起动手实验用结果来说话，将探究的问题用生动的小剧本来呈现也是一种汇报形式。高段学生的文学素养较之中低段有了一定的提升，在"垃圾的旅行"这个课题探究活动中，学生走访调查、搜集资料，了解了当前的环保现状，最终决定用一场演出来分享小组的研究收获。

【案例5-3】 环保之家

道具：小贩摆摊的道具、环保袋、桌子、凳子、餐巾纸、水桶等。

人物：笑笑，妈妈，爸爸，环保姐姐，小贩。

场景：

第一幕：家门口

环保姐姐："这几年，人类因为不环保，破坏环境，加上滥用资源，工业发展，所以生态环境恶化，大气被污染，水域也被污染，人类吃的喝的都不健康，医院里人满为患。更可怕的是，有的地方洪水，有的地方干旱，有的地方沙尘暴，有的地方下酸雨。吃尽了苦头啊！"

环保姐姐："不过，吃苦头，也有好处的，就是能长记性。听说，全国上下，现在是掀起了一股环保风啊，人人都在争做环保者，特别是江干区，做得特别好，所以，上面派我来实地查看一下，是不是真的有传说中的那么好，也顺便看看他们是怎么做的。"

环保姐姐："那这样吧！'采三'昨天刚刚进行了争做环保小卫士活动，我就抽查一个学生，看看他是不是做到了，就抽笑笑同学吧。今天是休息天，不上学，我就跟踪她一天吧，幸好她是看不见我的。"

"咦？笑笑和她妈妈好像要出门？"

妈妈："笑笑，反正今天休息，妈妈带你去买菜吧，买点你喜欢的菜回来做给你吃。"

说着和笑笑出了门。

笑笑提醒："妈妈，你忘记了一样东西——环保袋，我们老师说过，买菜要自己带环保袋，塑料袋和泡沫盒都是白色污染，是不可降解的，而且是有毒的。"

笑笑妈："好好好，听你的！下次一定记得。"

环保姐姐点赞："嗯，这点不错，知道买菜要带环保袋。"

第二幕：农贸市场门口

小贩：（蹲在地上摆开摊位，大声吆喝）"我这里，天上飞的，地上跑的，水里游的都有啊！你看，麻雀是我昨天在村口拉网捕的，这野兔是你们城里人最爱吃的，吃一只少一只了啊，再不买，以后可能吃不着了啊！还有你看这，青蛙，还在呱呱叫呢！"

两人走近。

妈妈："宝贝啊，你看看，你喜欢吃什么？妈妈买回去做给你吃，听说，野味是最补的，你现在正长个子，要多吃点野味。"

小贩子：（压低声音，对笑妈说）"老实和你说吧，这些都是不能卖的，我看你是'吃货'，买了不会错。"

笑笑："妈妈，不行啊，上次，你买青蛙给我吃，我吃了，的确感觉好吃，我还把这件事写在日记里，结果被老师当着全班同学的面批评。我可不要再被批评了。"

小贩子："小朋友，你不懂，这些可是好东西啊，买点回去尝尝吧！这次，你就不要写日记了，你老师就不会知道了。"

笑笑："哦，对，你卖的是野生动物，老师说，要保护野生动物的，不能吃的，而且吃野生动物很容易得病，我要报告110，把你抓起来。"

环保姐姐："野生动物的保护需要我们每一个人的积极参与，这位笑笑同学表现不错，看来，她老师的教育还是很成功的。"

第三幕：家里

妈妈进家门直奔茶几："热死了，热死了！"想拿餐巾纸擦脸。笑笑连忙递上毛巾，"餐巾纸是大树做的，我们要保护大树，用毛巾吧。"

妈妈："好吧！"

环保姐姐点赞动作：不错。

妈妈走到水龙头边伸手准备洗手。笑笑拿脸盆接住。妈妈问："这是干吗？"

笑笑："洗过手的水可以冲厕所或拖地板。洗过菜的水也可以冲厕所或拖地板，所以，我想出了一个好主意，我们拿一个大的桶装我们洗过手或洗过菜的水，然后再次利用。老师说，这也是环保。"

环保姐姐点赞动作：不错。

爸爸："我支持。这个主意好，孩子她妈，下次你可得记住了啊，这不仅环保，而且还省钱。你平时用水最浪费了，从今天开始，你得节约下来啊！"

笑笑："这样吧，我们一起订个环保契约吧？我们要从小事做起，从每一件事做起，从每个人做起，从节约水电开始，比如人不在房间要马上关灯，平时能不开车就不开车，还有爸爸你也要改掉抽烟的习惯，你不能污染我们家的空气，也不能污染大自然的空气。"

爸爸："好，我戒！我戒！我来写。"

爸爸去取来纸。

笑笑接过爸爸的纸，反面看看："爸爸，都说了要环保，白纸也要节约，那边有一张一面用过的，可以写。"

爸爸妈妈："是是是。"

笑笑执笔写下环保契约。

环保姐姐点赞动作：不错。

笑笑写完后拿出契约朗读。

笑笑："这可是我们家的环保契约啊！我要求你们谁也不许违反啊！"

爸爸妈妈一起："好，我们相互监督吧！"

环保姐姐出现，大家吓一跳。

环保姐姐："今天，我已经跟踪你们一天了，你们家的环保工作做得实在太好了，我要授予你们一家'环保之家'称号，表现最好的当然是笑笑同学，你是理所当然的'环保小能手'"。

在上面这个案例中，学生自创自演了一台三幕话剧。剧本来源于生活，讲述了一家人的几个生活小片段，但这也是大部分人生活的写照，以小见大。学生小组分工合作写出初稿，请语文教师帮助修改，排练时邀请了音乐教师把关。一次课题研究不仅培养了学生的探究精神，更发掘了他们的创作才华、表演才华，这也是学校坚持开设"走读杭州"课程的意义所在。这类的汇报能够充分展示学生的意志，发挥学生的自主能动性。不仅成果具备一定的观赏性，而且能够在成果展示的过程中进一步提高学生对知识的认同和掌握。

5. 课题研究式汇报

受高段课题研究的启发，许多学生从低段也开始尝试进行课题研究，在年级的大主题之下从小事、小现象和小问题入手，确定一个个各异的小主题。同时，随着年岁的增长，学生也日渐积累了科学摸索的经验，探究能力、合作能力、解决问题的能力等诸多课题研究所需具备的能力逐日提升，为进入高段后开展更科学严谨的课题式研究打下坚实的基础。

各个年级在大主题之下确定了许多小课题：古城门寻访之旅、读家谱、看历史——从七代家谱看中国近200年历史变迁的研究报告、小丫儿"走读"杭州的桥、自制"缤纷玫瑰花"——关于植物染色的实验研究、关于植物的根在生活中应用情况的调查、光的重要性——关于植物种在高层与低层的实践研究、催熟的芒果真的有毒吗、有虫眼的蔬菜安全吗——关于蔬菜农药含量的调查报告、跑不掉的小水滴——关于植物蒸腾作用的研究、倒地老人应不应该扶、对目前旅行社"跟着课本去旅游"项目的调查研究报告、从儿童角度分析电视综艺节目特点及影响、浅析电视综艺节目对儿童的影响……

这些课题都有一位指导教师进行跟踪指导，充分保证课题的实施。一般来说，年级确定的大主题往往比较笼统，在实际的走访活动中学生会发现细小的问题，对这些小问题的探究使得每一次"走读杭州"课程有了切实的收获，一课一得，一次走访一份收获。每个小组研究不同的主题也填充了大主题之下无法涉及诸多有价值的问题的空白。研究主题式的汇报可以增强学生在思考问题方面的严谨性，提高学生的联系思维和逻辑思维能力。

（二）为期三天的年级走读课程的学习评价

对学生在为期三天的年级走读流动课程的学习所进行的评价，我们主要设计了两种考评机制，即优秀班级考评机制和优秀个人考评机制。

1. 优秀班级考评机制

每个班级安排了一位随班教师协助班主任管理班级，同时兼任该班级的考评教师。三天活动结束后，根据随班教师的考评汇总和总教官的意见，学校评选出60%的班级为学军或学农优秀班级，在闭营仪式中颁发荣誉证书，以此促进各班学生整体素养的提升。各班单独开展活动阶段，由本班教官根据实际情况进行考评，总教官对各班教官进行监督、指导；集体活动阶段，随班教师进行交叉考评，并在考评记录表中登记扣分或者加分说明，让数据的呈现有凭有据。考评机制的完善有助于班级的管理和课程目标的有效达成。

2. 优秀个人考评机制

各班根据活动中学生的实际表现情况，在教官和随班教师的推荐下产生班级名额的七分之一（四舍五入多进少不补）的学军小标兵或学农小达人。被评选上的学生将一起为其他学生展示学军和学农成果，为其他学生树立榜样。并且将学生的个人表现纳入雏鹰争章的评比，通过自我评价、同学评价和辅导员评价，综合评价过后表现合格的方能争得此章。被推荐为优秀个人的学生，此项考核必须为优秀。

3. 网络平台评价

随着第三教育空间的不断完善，我们运用现代技术，设计了相应的网络平台——之江汇教育平台，用"物化成果 + 网络档案"来对学生的课程学习状况进行评价。物化成果是指学生活动中的一些作品、资料等，而学校的网络档案评价是最有创意的。之江汇平台上有"第二课堂"活动档案，记录着学生什么时间去了哪里；有简短的参观体会；有"走读杭州"的考章平台。我们根据每个年级的活动目标，设计了相应的考章内容。不仅如此，"走读杭州章"的活动成绩还体现在期末的成绩报告单上，这些电子化的档案将会陪伴学生走过整个小学阶段。

（1）在线资源储备

课程实施过程中，小队研究方案、实地探究的过程记录以及走读结束后的点滴收获等相关材料，都上传在之江汇教育平台，在学校空间、教师空间和学生空间进行展示，一方面记录学生走读的过程和成果资料，另一方面也丰富了学生空间和教师空间的资源。此外，相关的教学设计及课前准备也在这里转化成数字资源，为全校教师甚至广大一线教师提供优质的教学资源。

（2）开展在线教学活动

在开展"走读杭州"实践课程的教学活动期间，我们充分发挥之江汇教育平台的功能与特点，采用"线上常态研讨、线下不定期展示汇报"的形式开展混合式学习。

走读前，由"走读杭州"年级负责教师在"社区活动"栏目发起一个走读地点介绍的话题，同一年级的学生在规定时间内登录开展话题研究，发表自己了解的、不同于其他老师同学发布的相关内容。研讨结束后，由年级负责学生或教师汇总、整理所有观点，最后由各班级负责学生向全班学生做走读地点的介绍。另外，每个小组制定好小组研究方案后，将研究方案上传至"社区小组"，邀请教师以及其他小学的学生对研究方案提出修改的意见和建议，最后由本小组学生讨论后修改、完善研究方案。

走读时，学生借助之江汇教育平台上的电子研究方案开展实地探究，并把相关的过程资源记录在研究方案下方，以便后期小队成员可以共享相关资源，也可以及时将小队的活动照片上传至"社区相册"栏目。

走读结束后，各个小队可以用绘画、诗歌、实验、演出、研究报告等不同的形式分享自己"走读杭州"的收获与成果，这些物化的成果都可以变成电子的，或文字、或照片、或视频，共享到之江汇专题社区中，对自己结合校内资源在"走读杭州"过程中所习得的知识进行展示，既可以总结自己的学习成果，也可以方便家长及时了解学生的在校活动，变革家校互动方式。

（3）借助电子档案开展主题评价

综合实践课程不刻意追求知识，但也并不排斥知识，十分关注学生参与活动的态度、解决问题的能力和创造性，关注学习的过程与方法，关注交流与合作，关注动手实践以及所获得的经验与教训。这些能力是比较抽象的、长期的概念，不太容易测量，需要教师对学生的学习过程开展主题式评价，更全面地了解学生各项能力的提升情况。主题评价需要教师对学生的行为进行观察、记录，之江汇学生空间上的电子档案是重要的评定依据，表 5-3 所示为"走读名企"的个性评价表。

表 5-3　个性评价表

维度	目　　标	学分	自评	同伴评	教师评
文化基础	1. 在走读中感知杭州企业文化以及企业家的精神品质	1	☆	☆	☆
	2. 努力学习自我认知、增长阅历、锻炼意志，为人生成长的修为人格埋下种子	1	☆	☆	☆
自主发展	3. 走进杭州知名企业，开展参观、采访、研究等实践活动，初步培养学生的理性、探究、实践和创新精神，以及责任感、坚持、毅力和解决问题的能力	1	☆	☆	☆
	4. 学习基本的实践活动方法，通过体验，提高发现问题、解决问题的综合能力，在实践中尝试与他人合作，提升自信	1	☆	☆	☆
社会参与	5. 在实践中努力与人相处、和团队合作，学习会与自然、社会和谐共存	1	☆	☆	☆
	6. 走向实践、走向社会，在实践中初步形成积极的人生态度，以及对国家和社会的责任和担当	1	☆	☆	☆

图中涉及的"文化基础"和"社会参与"可以将学生空间的"走读感悟"栏目作为评价依据，而"自主发展"可以将学生的研究方案设计，以及走读的过程性记录作为评价依据。其中研究方案设计及撰写采用腾讯文档多人实时协作模式，每个学生的参与过程一目了然；也可以在专题社区中采用实时讨论的方式，记录学生参与思考与讨论的过程。

第六章

以人为本：
生涯启蒙教育的成效概览

　　杭州采荷第三小学教育集团基于"家校社融通"的思路开展生涯启蒙教育,以课程开发、环境建设、主题设计和活动创新为主要形式,让学生接触不同的职业,在真实生活中开启具有特色的生涯启蒙教育。活动通过自我认知、职业体验、自我规划等方式开展,旨在让学生在真实的情境中体验各种职业的工作感受,在成长过程中不断了解自己,认识社会,发展兴趣,初步培养职业兴趣,提高生涯探索能力,最终提高学习主动性和积极性,让自主探究贯穿整个小学生活。通过长期的研究和实践,生涯启蒙教育在学生成长、教师发展和学校品牌打造等多方面都取得了良好的效果。本章简要概述学校生涯启蒙教育实施以来取得的育人效果,并呈现一些育人过程中的典型案例。

■ 第一节　生涯启蒙教育的成效述评

　　生涯教育对于个人成长非常有利,小学阶段的学生正处于生涯发展的萌芽时期。杭州采荷第三小学教育集团为了培养学生潜质,尽早形成未来规划能力,对生涯启蒙教育进行了持续深入的研究和探索。具体做法是:通过家校社协同共建生涯启蒙教育课程群,形成正确认知;合力开展场域建设,进行环境熏陶;通过"走读杭州"了解职业特征,获得真实感知;在学工学农的实践体验中学习了职业技能,等等。这些措施助力学生形成良好的生涯规划意识,获得适切的生涯体验,从而引导他们合理寻求并设计自己的生涯发展方向,最终促进学生在生涯启蒙中健康成长，形成正确的自我认识，树立可能的人生目标，培育自主学习的精神。

一、提升学生的生涯意识

经过多年的探索和尝试，学校形成了以"家校社融通"课程为主阵地的生涯启蒙新平台，丰富的课程、创新的活动项目为学生的生涯成长助力。

（一）让生涯认知更加深入

通过必修课程和选修课程两条路径达成生涯认知教育，在生涯认知教学的过程中，教师能够选择符合学生身心发展规律的教学内容，适时适量地展开生涯启蒙教学，并且能将生涯启蒙学习与生活相联系，让学生在真实情境下解决真问题。对教师而言是唤醒学生自我意识，引导学生树立理想，助力学生成就美好未来；对学生而言是唤醒自我意识，进行自我修炼，实现自我教育。教师助人，学生自助，助人、自助，形成小学生涯启蒙教育的新平台。

（二）让生涯体验更加真实

生涯体验活动让学生走进真实的社会场所，去探索自己的兴趣爱好，在了解社会形态的同时，也感受到了社会职业关系。每一个体验流程中都蕴含了相应的教育点。在"成长过程中，你觉得对自己帮助最大的是＿＿＿"的调查中，选择"社会"的占 47.54%，远远高于 21.75% 的全区平均水平，体验让学生获得真正的成长。（图 6-1）

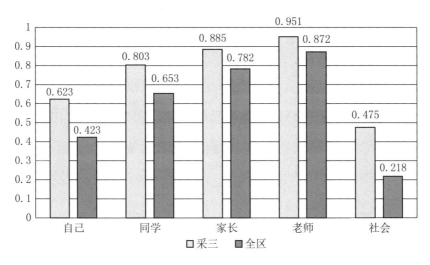

图 6-1　区学业水平调研之社会助力个人成长情况

二、促进学生在生涯启蒙中健康成长

在每个学期末，学校向在校生及家长发放问卷了解学习情况，根据反馈信息提出相应的整改信息，以便满足学生的需求，真正着眼于学生生涯启蒙教育。

从以下体会（图 6-2）不难看出，有了生涯启蒙的引导，学生对自我的认知更加清晰，对自己的兴趣有了更明确的了解，对未来有了大致的目标，学习也更有动力。

曹××：在啦啦操课上，我把不会跳舞的同学教会了，在表演中老师把我排在第一位，带领其他同学跳。老师经常表扬我，说我的动作标准又有力度，很多同学都非常喜欢我。哈，我第一次知道自己可以做一个小老师！

宋××：这学期的周四课上，我写出一张张毛笔字，做出一个个陶泥作品，感到无比的快乐和自豪。以后，我想当一名艺术家。

陈××：本学期，我去了钱币纪念馆，看到纸币的发展竟然有这么多有意思的故事，我想长大后好好去研究。

图 6-2　部分学生的体会摘录

（一）形成正确的自我认知

小学生处于生涯教育的成长期，他们对未来生活充满期待和幻想，开始懵懂地认识自己，开始感知自己的兴趣、能力和机会，探索社会及职业的意义，畅想未来。所以，基于"'家校社融通'课程"的生涯启蒙教育能帮助学生更好地了解自己，准确地评价自己。通过对自己的分析，感知自己的兴趣、爱好、特点，明确自己的优势和不足，有意识地培养自己的生涯意识和学习兴趣及动力，引导学生发挥潜能，把理想当成努力的目标。

（二）树立可能的人生目标

刚踏进小学的一年级小学生大多数或是没有目标，或是没有学习动力。通过基于"'家校社融通'课程"的生涯启蒙教育，不仅能够充分发掘学生的潜质，同时还帮助学生发展未来人生所需要的精神，弥补和完善个体在能力、品质、心理上的缺陷或不足，使学生的多方面潜能变为现实，也让学生在不断实现小目标的基础上朝着更远大的人生目标进发。

（三）培育自主学习的精神

生涯启蒙教育有利于激发和引导学生的自主学习。学校引导学生在认识社会发展和认识自身特点的基础上，对自己有更深入的了解，对未来发展有大致的愿景，并在自身愿景目标的激励下，规划自己小学阶段的学习与能力发展。因为，理想的人生需要我们从小开始培养专业能力，奠定坚实的基础。同时，学校在探索课程时的视角主要聚焦在学生的自身发展与自主发展上，尽可能多地让学生去体验，这样的体验活动会因为知识、技能、价值观的习得方式的深刻性而构成有意义的学习。

◆ 三、培养了一支生涯教育的专业队伍

生涯启蒙教育推进的过程中，学校以专职心理健康教育教师为基础，组建由学校心理健康专职教师、德育干部、班主任和学科教师、家长、社会人员分工协作共同构成的生涯启蒙教育教师队伍，不断探求生涯启蒙教育的新路径，以此提升学校的生涯启蒙教育水平。

（一）为教师提供了"可见"的生涯启蒙教育路径

生涯启蒙教育的实践过程中，通过"学习—实践—反思—再实践—再学习"的方式，学校教师从无所适从到逐渐有方法，找到了生涯启蒙教育新的路径，通过系列课程学习，让学生全面地认识自己，了解自己的兴趣、特点，形成初步的生涯认知；通过融通体验，让生涯认知变为切实可行的生涯体验，在体验中学习优秀人物的品质，了解不同职业的特征，感受不同职业的需求，促使学生从校园走向社会；通过生涯技能展示，学生拓展个人兴趣，张扬自身个性，提升核心素养，让自己不断地形成生涯认知，并尝试进行生涯规划；对学生进行针对性指导，因材施教，帮助其不断向自己的目标靠近。

（二）提高教师生涯启蒙的教育水平

通过各类各级生涯辅导工作的培训，教师普遍提升了生涯教育意识，会在日常教学中融入生涯启蒙知识。例如，语文教师会密切联系记者、编辑、秘书、档案管理员等职业开展教学；数学教师会密切联系会

计、出纳、审计、采购员、精算师等职业开展教学。教师以此引导学生学以致用，以用促学，通过学科知识的应用鼓励学生主动学习。此外，课题研究的过程也不断推动学校创新生涯启蒙教育模式，形成生涯启蒙教育资源库，不断提升学校生涯启蒙教育工作的整体质量。

生涯启蒙教育对人的终身发展具有重要的意义，我们希望通过丰富的生涯启蒙教育活动帮助学生认识自己，思考自己的未来，借助体验式学习促进自我认知，让学生明确人生的意义在于人生的价值，人生的幸福在于人生的规划。

■ 第二节　生涯启蒙教育的成效案例

【案例6-1】

依托数学综合实践活动　促进生涯启蒙教育落地生根

——以人教版《数学》二年级上册《长度单位》单元教学为例

杭州采荷第三小学教育集团　胡梦丹

一、教材分析

《义务教育数学课程标准（2022年版）》明确提出，小学阶段核心素养主要表现为：数感、量感、符号意识、运算能力、几何直观、空间观念、推理意识、数据意识、模型意识、应用意识和创新意识。量感主要是指对事物的可测量属性及大小关系的直观感知，建立量感有助于养成用定量的方法认识和解决问题的习惯，是形成抽象能力和应用意识的经验基础。

本单元教材在编排上有下面几个特点。第一，注意呈现长度单位的形成过程，引发学生的认知冲突。第二，通过多种方式帮助学生建立1

厘米、1米的长度概念。第三,更加尊重知识形成的本源,简要介绍了古时候人们用身体的一部分作为长度标准进行测量的情形。第四,遵循学生的认知发展规律,借助一些实物的边来体会线段的"直"。

二、学情把握

本节课是人教版《数学》二年级上册"长度单位"这个单元的一节综合与实践活动课。学生通过本单元的学习,认识了厘米和米,也认识了一些身体中的"尺子",如:"拃""庹""步"等。能够以"身体尺"或熟悉的物体长度为标准估测物体的长度,同时学生也学会了用尺子测量线段的长度。

在实际生活中,虽然学生对长、短的概念有了初步的认识,并会直观比较一些物体的长短,但不一定能进行量化比较。本单元教学长度单位,在认识厘米和米的前提下,学习测量长度的方法,从而对物体的长度进行量化把握。抓住这个时机培养学生良好的估测能力,能够为今后分米、毫米、千米等的学习奠定基础,良好的估测能力还能对"量感"的建立起到直接有效的推动作用。

学生对于物体长度的长短感知是一种本能,对于长度单位厘米和米的认识是一种生活经验,或者说是从父母、书本处学到的,但对于为什么要统一长度单位,1厘米或几厘米有多长,学生在脑子没有表象,无法应用合适的度量单位去进行度量。知道测量方法的多样性,但没有估测的意识和方法。针对这些现象,分析原因,有以下几个层面:

(一)学生层面

1. 二年级学生的生活经验还不是很丰富。年龄越小生活经验越少,特别是对较长的长度,估测更加困难,所以就会闹出一些笑话,究其原因是很多学生生活经验缺乏导致估测能力不足。

2. 学生的量感不好。量感是对数量的直觉，是一种敏捷的感知，学生刚刚建立了 1 厘米和 1 米的量感，要想在这个时候就靠量感估测解决问题是有难度的，况且量感的形成不是一朝一夕的，是一个长期累积发展的过程。

3. 缺乏估测的体验和实践支撑。体验和实践是最好的老师，只有学生亲身经历了才会印象深刻，1 厘米和 1 米对于学生来说十分抽象，只有让这样的长度经过不断的体验和实践，变成 1 厘米的粉笔、1 厘米的橡皮、1 米的纸条、1 米的树枝，把抽象的概念具体化，变得看得见摸得着，让学生亲身体验、观察、测量等，依靠丰富的体验和活动才能提高学生的量感，提高学生的估测能力。

（二）教师层面

教师对培养学生的估测能力的意识也不强，知道什么是估测，但不清楚估测的基本策略，对学生的估测结果允许有误差，但这个误差是多少，却没有一个准确的界定。另外，受到传统教育和应试教育的影响，估测知识难以量化评价，估测知识很少出现在试卷中，导致很多教师不重视估测的教学，这也是造成现在学生估测能力不足的一个重要因素。

由此可见，就学生的长远发展来看，估测是一种重要的测量方式，要加强对学生估测技能的培养，让学生对估测产生需求，并内化为自觉行为，解决生活中的实际问题。

三、单元综合实践活动的设计

"综合实践活动"是以问题为载体、以学生自主参与为主的学习活动，为学生提供了在综合、实践的过程中做数学、学数学、理解数学的机会。学生能在活动中建立数学与生活之间的联系，在解决问题的过程中培养应用意识、创新意识、模型思想等。小学数学"综合与实践"活动划分为小课题、小调查、小设计、小操作、小游戏和其他六个类别。
（表6-1）

表6-1　小学数学"综合与实践"活动划分类别

类　型	学生参与方式
小课题	以探索研究的方式为主
小调查	以调研调查的方式为主
小设计	以策划设计的方式为主
小操作	以动手实践的方式为主
小游戏	以数学游戏的方式为主
其他	多种方式参与，无明显侧重

用综合实践活动将整个单元的学习内容串联，适度改变单一枯燥的
课后练习，设计数学实践活动，通过亲手制作米尺，建立1米的长度概
念，直观认识厘米和米之间的关系。通过寻找身边的"厘米"和"米"，
积累估测的经验。通过家人身材我知道、寻找身边的"树大王"等活动，
丰富学生的测量经验，进一步建立长度观念，培养"量感"。（图6-3）

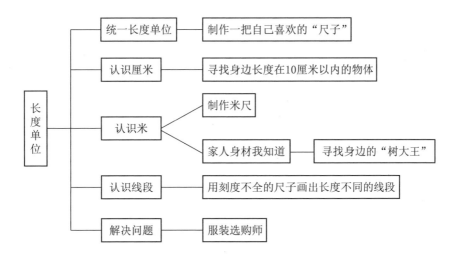

图6-3　《长度单位》单元综合实践活动设计

结合本单元的学习内容，在《认识米》课后设计了三个活动：制作米尺、家人身材我知道和寻找身边的"树大王"。学生在制作米尺的过程中，进一步建立 1 米的长度概念，体会厘米和米之间的关系。（图6-4）

图6-4 学生自制米尺过程展示

通过测量家人的身高、腰围、一拃长和一步长，学生能根据测量对象选择合适的工具，并对人体各个部分的身体尺寸有具体感知。（图6-5）

图6-5 学生测量家人身体数据的结果展示

结合"走读杭州"，学生带着测量工具软米尺和任务单，在公园寻找树围最大的树,通过小组合作测量出树围,并了解关于树的知识(图6-6)。学生经历了横向、纵向二维的长度测量,拥有了更丰富的测量经验。

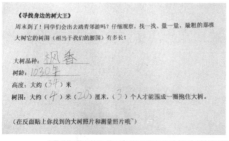
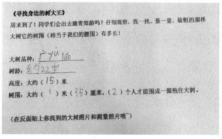

图6-6 学生测量树围的过程与结果展示

四、本课设计思路

(一)基于核心素养,确定教学目标

《义务教育数学课程标准(2022年版)》明确提出教学目标的确定要充分考虑核心素养在数学教学中的达成,在制订教学目标时将核心素养的主要表现体现在教学要求中。数学课程要培养的学生核心素养,主要包括以下三个方面:会用数学的眼光观察现实世界,会用数学的思维思考现实世界,会用数学的语言表达现实世界。

基于核心素养,结合前测结果,确定本节课教学目标如下。第一,经历合作测量身高或身体某些部位长度的活动过程,丰富测量体验,使学生对所测对象形成清晰的表象,为以后估测、认识其他物品的长度积累更多的测量标准，进一步建立长度概念；第二，体会测量的实质，能选择合适的"标准"，用多种不同的方式表示身体部位的长度和高度，增强对"量"的实际意义的理解，同时初步培养学生的估测能力、长度观念和量感；第三，在活动中体会合作、交流的乐趣，通过观看视频知道古人测量物体所用的工具，了解测量工具的演变历史。

（二）巧用身体尺，培养估测能力

标准单位量感是对一个标准单位的感知，一个具有单位量感的人，他的脑中对于量感是有表象的，在单位量感的支撑下，对量的估测就变得容易了，二年级学生在估测的时候，最原始的模型就是1厘米和1米。在教学过程中，我发现大部分学生都是通过观察估测出物体长度，几乎没有学生主动运用身体尺去估测。因此，我们在前测中让学生熟悉自己的身体尺，为课堂上的估测提供叠加"标准"。

学生能主动选择合适的身体尺，比如一拃、一掌、一庹，通过长度单位的叠加，就能更准确地估测出物体长度（图6-7）。在估测肩宽和腰围时，学生会用到一拃和一掌；在估测身高时，学生还会用到一庹；面对不同的问题情境，学生能选择合适的身体尺进行估测。

	我的1拃长（　　）厘米
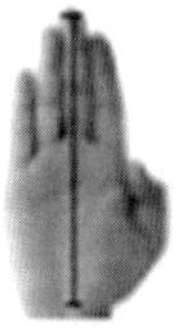	我的1掌长（　　）厘米
	我的1庹长（　　）厘米

图 6-7　巧用身体尺

师：其实臂长和身高有密切联系，所以选购校服，一般需要考虑身高、肩宽和腰围。

问：腰围在哪里，一起比画一下。

问：肩宽是什么呀？估计一下他的肩宽可能是多少？

预设：10厘米，20厘米，30厘米，40厘米。

问：10厘米可能吗？为什么？

预设：不可能，因为一拃都有15厘米，肩宽不可能比一拃还短。

师：你拿一拃来比较，发现肩宽不可能是15厘米。

问：你是怎么估计的？

预设1：我的一拃长大约15厘米，他的肩宽是2拃多一点，大约30厘米。

问：还有不同的方法吗？

预设2：我是用尺子量的，15+15+5=35（厘米）。

师：为了量得更准确，在用尺子的时候要注意尺子放平，刻度对齐，做好标记，读准刻度。

问：测出了肩宽的长度，身高和腰围你能像这样估一估，测一测吗？

师：来看看×××是怎么估身高的，能来介绍一下你的方法吗？

预设1：我的一拃是15厘米，一共9拃，所以15×9=135（厘米）。

预设2：一庹和一拃，120+15=135（厘米）。

问：腰围你又是怎么估的？请你们来展示一下。

预设：我用一拃估计，绕身体一圈发现有4拃多，大约64厘米。

（三）丰富体验活动，建立长度观念

　　数学知识、思想和方法，不是单纯地依靠教师的讲解去获得的，而必须由学生在现实的数学活动中理解和发展，"让学生在实践活动中体验和理解数学"是《义务教育数学课程标准（2022年版）》提出的重要建议。本课通过让学生经历合作测量身高或身体某些部位长度的活动，丰富测量体验，使学生对所测对象形成清晰的表象，进一步建立长度观念。（图6-8）

图6-8　通过体验活动建立长度观念

（四）估计与测量结合，提升学生量感

根据对《义务教育数学课程标准（2022 年版）》中估测教学内容的理解，估测既包括不用工具测量，凭直觉获得的大致数值，还包括借助工具获得的一个近似值。本节课在用身体尺估测之后，学生选择直尺和软米尺准确测量肩宽、身高和腰围，通过对比前后数据，修正估测结果。

师：身高和腰围我们能估了，和我们测出来的结果相同吗？

预设：有误差。

师：估是有误差的，其实测量也有误差。

问：这两位同学都在测量身高，你会选择哪种测量方法？为什么？

预设：我选第二种方法，因为第一种测量方法软米尺没有拉直，误差很大。

问：这位同学的测法你觉得可以怎么改进？

预设：0 刻度一端用脚踩住，向上沿着身体拉直，头顶对着的刻度就是身高。

师：在日常生活中，为了更准确地量出身高，一般我们会靠墙站立，在头顶画一条线，从地面到头顶的长度就是身高。

问：这位同学正在测量腰围，方法正确吗？为什么？

预设：不正确，因为他没有把 0 刻度对准肚脐眼。

问：怎么量腰围，结果更准确？

预设：0 刻度对准肚脐眼，绕身体一圈回到肚脐眼，看 0 刻度相接的刻度，就是腰围。

估的能力的形成离不开大量的测，正是有了大量的测，学生才慢慢建立起了单位长度的表象。在估计完成之后我们要进行测量验证，进行对比，看看估测的结果和测量的结果是否相符合，学生自觉进行估测结果的调整，如果偏差较大，很有可能学生的估测能力还有问题，需要继续培养加强，如果偏差不大，学生的估测能力得以养成，强化巩固即可。估测能促进精确测量的准确性，精确测量的同时也能让学生调整估测，更好地感悟量感，更好地进行估测。

（五）创设真实情境，提升分析能力

《义务教育数学课程标准（2022年版）》提到了注重创设真实情境。真实情境创设可从社会生活、科学和学生已有数学知识经验等方面入手，围绕教学任务，选择贴近学生生活经验、符合学生年龄特点和认知特点的素材进行加工。

师：这是×××的肩宽、身高和腰围数据，如果只选择上衣，知道哪些信息就够了呢？

预设：身高和肩宽。

师：这是儿童上衣尺码表，仔细观察，你知道了什么？

预设：身高120厘米，肩宽30厘米，要穿120码。

问：能给×××选上衣尺码吗？说说你的理由。

师：选择上衣时要选和自己身高、肩宽最接近的尺码，如果不够，要选大一码。

问：如果只选择裤子，知道哪些信息就够了呢？

预设：身高和腰围。

问:这是儿童裤子尺码表,你能给×××选择合身的裤子吗?

师:选择裤子的时候要选和自己身高、腰围最接近的尺码,如果不够,要选大一码。

师:想不想给自己选选上衣和裤子?下面就请你根据尺码表选一选吧!

本节课基于解决问题的需要,从"选购校服"这一生活情境引入,引导学生选择适合自己的校服,要考虑身高、肩宽、腰围等因素,确定测量对象。通过分析,将自己的身体数据和对应的尺码进行对比,结合生活经验选择合身的校服。

五、实践反思

综合与实践是小学数学学习的重要领域,学生将在实际情境和真实问题中运用数学和其他学科的知识与方法,经历发现问题、提出问题、分析问题、解决问题的过程。综合实践活动主要包括主题活动和项目学习等,主题活动分为两类,分别是融入数学学习的主题活动和运用数学知识及其他学科知识的主题活动。本单元活动以长度单位的知识为基础,以选择合身的校服为驱动,引导学生在真实的生活情境中运用数学知识解决问题。对于综合实践活动的设计与实施,结合课例谈谈想法。

(一)重视单元整体教学设计

改变过于注重以课时为单位的教学设计,推进单元整体教学设计,合理整合教学内容,确定单元教学目标,并落实到教学活动各个环节,整体设计,分步实施,促进学生对数学教学内容的整体理解与把握。

"长度单位"这个单元的教学内容分为四个层次:一是认识统一长度单位的必要性;二是认识长度单位厘米和米,用厘米和米进行测量;

三是认识线段；四是解决问题。思考后本人将教学内容整合为以下几个方面：第一，认识统一长度单位的必要性以及长度单位米和厘米；第二，认识并测量线段的长度；第三，利用长度单位的知识解决生活中的数学问题。"服装选购师"这节课便是基于以上教学内容的拓展延伸，旨在丰富测量体验，使学生对所测对象形成清晰的表象，为以后估计、认识其他物品的长度积累更多的测量标准，进一步建立长度观念。

（二）注重创设真实生活情境

课程目标以学生发展为本，以核心素养为导向，进一步强调数学基础知识、基本技能、基本思想和基本活动经验的获得与发展。发展运用数学知识与方法发现、提出、分析和解决问题的能力。本单元书本上的测量活动集中于测量物体的长度、宽度和高度，学生能熟练地运用直尺进行测量，但是主动运用"身体尺"去估测的意识非常薄弱，对于估测的作用也知之甚少。因此，本节课从"选购校服"这一真实生活情境入手，用肩宽、身高和腰围三个身体部位的数据，结合儿童上衣和裤子尺码表，选购合身的校服，体会数学与生活的密切联系。

（三）培养估测和推理能力

本节课的重难点是建立长度概念，培养学生的估测能力。在教学过程中，学生借助"身体尺"估测肩宽、身高和腰围的长度，工具比较单一，方法也比较单一，采用叠加法来算出结果。如何引导学生用不同的方法来估测出结果呢？肩宽和腰围之间的联系很紧密，腰围大致是两个肩宽再加上侧面的长度，所以学生可以利用肩宽的估测结果，经过推理得出腰围的大致长度。这两种方法都能让学生体会腰围是经过肚脐眼绕身体一圈的长度，并渗透"化曲为直"的数学思想。经过修改，本环节的教学过程如下。

师：我们已经估出了肩宽，想一想，同桌的腰围是多少呢？

预设：65 厘米。

问：你怎么知道？

预设：腰围就是两个肩宽再加上侧面的长度，两个肩宽大约是 60 厘米，侧面的长度约是 5 厘米，所以同桌的腰围是 65 厘米。

师：真会动脑筋，想到用肩宽来估腰围，这一圈的长度可以分为前面、后面和侧面三部分，把它们连成一条线就是腰围。

（四）丰富和优化评价方式

在评价过程中不仅要关注学生对知识技能的掌握，还要关注学生对基本思想的把握、基本活动经验的积累，全面考核和评价学生核心素养的形成与发展。针对本单元的综合实践活动，可以设计以下评价表（表 6-2）。

表 6-2　活动评价表

内　容	目　标	自评	同学评	教师评
制作一把自己喜欢的尺子	1. 利用合适的身体部位和常见的工具制作一把尺子； 2. 在观察对比中体会统一长度单位的必要性	星级： 建议：	星级： 建议：	星级： 建议：
寻找身边长度在 10 厘米以内的物体	1. 能通过观察和估测找到身边长度在 10 厘米以内的物体； 2. 能用数学语言描述估计和测量的过程	星级： 建议：	星级： 建议：	星级： 建议：
制作米尺	1. 能以分米和厘米为标准，画出 1 米长； 2. 知道长度单位之间的进率，1 米=10 分米 =100 厘米	星级： 建议：	星级： 建议：	星级： 建议：

续表

内　容	目　标	自评	同学评	教师评
家人身材我知道	1. 能用合适的工具准确测量家人的身高、腰围等； 2. 用数学语言介绍测量方法和过程	星级： 建议：	星级： 建议：	星级： 建议：
寻找身边的"树大王"	1. 估计并测量树围，掌握二维长度的测量方法； 2. 感受生活中处处有数学	星级： 建议：	星级： 建议：	星级： 建议：
服装选购师	1. 丰富估计与测量体验，积累测量标准，建立长度观念； 2. 体会测量的实质，能选择合适的工具测量身体部位的长度和高度	星级： 建议：	星级： 建议：	星级： 建议：

这样的评价一定是指向数学核心素养的评价，是贯穿始终的过程性评价，是教、学、评合一的评价。这样的评价不是在任务结束时才揭示"庐山真面目"，而是在任务起始阶段，就要和学生一起讨论评分项目及标准，这样的评价标准将自始至终指引学生的学习和创作。

【案例6-2】

合理消费（第一课时）

杭州采荷第三小学教育集团　王思羽

一、教材分析

"合理消费"是统编版《道德与法治》四年级下册第二单元第5课，本单元由"买东西的学问""合理消费""有多少浪费本可避免"三课组成，旨在引导学生学习一些必备的购物知识和技巧，养成文明的购物习惯，树立消费者权益保护意识。本课由"那些我想要的东西"和"学会合理消费"两个板块组成，从学生想要的东西入手，引导学生从多个角度反思自己向父母提出的购物要求是否合理，从而辨明合理与不合理的购物需求。同时，教材还从方法上引导学生学会合理比较、自我克制，从而理性地做出购物选择。

二、学情分析

四年级学生往往需要父母为自己购买想要的物品，但由于心智尚不成熟和缺乏生活经验，他们并不具备辨识这些购物要求是否合理的能力，在购物时往往缺乏独立的判断能力，易受外界影响，他们有时会被商品的包装所吸引，有时会因为同伴买了某种商品而盲目攀比，有时受广告、动画片、流行读物等影响，很可能凭直觉提出购买要求而没有考虑实际需求。因此本课的教学目标着重引导学生从自己的实际出发，反思自己的消费愿望，学会提出合理的购物需求。

三、教学目标

（一）认识到生活中有许多商品对我们有很大的吸引力，每个人都会有自己想要的东西，父母会根据具体情况决定买还是不买的现象。

（二）联系生活实际讨论交流，懂得"想要不等于能要"，能够反思和调整自己的购物要求。

（三）知道生活中我们有些愿望确实不太合理，父母拒绝我们的要求是正常的，我们要学会理解父母，树立合理消费的意识。

（四）通过合理比较、自我克制等方法，学会做出正确的购物选择。

四、教学重难点

（一）懂得"想要不等于能要"，能够反思和调整自己的购物要求，树立合理消费的意识。

（二）通过合理比较、自我克制等方法，学会做出正确的购物选择。

五、教学准备

心愿卡、PPT课件、拍摄视频、排演情景剧、分成6组。

六、教学过程

活动一：联系生活写心愿

（一）写心愿

1. 同学们，下课的时候有四个同学，他们碰到了一起，聊起了各自的心愿，都在聊些什么？（播放视频，聊自己想要的东西）

2. 我们每个人都有自己想要的东西，大家想要什么呢？把自己想要的东西记录下来，简单地说说理由，在第36页的心愿卡上填一填。（配乐，填写心愿卡）

（二）聊心愿

1. 大家想要的东西真是应有尽有。教师记录了四个同学的心愿，看向大屏幕，请这些同学来说说"我想要什么？理由是什么？"（事先巡视，选择贴近主题的例子，请学生讲述，点评要有针对性——要什么。

我想要……

2. 其他同学也和大家分享分享。（点名5—6个同学）看来，我们有很多想要的东西，有时是好吃的、好玩的，有时是好看的、好用的。（板贴：想要）

3. 其余同学可以在小组里把自己想要的东西和大家交流一下。

活动二：集思广益辨心愿

1. 分组讨论：仔细看看刚才这四个同学的心愿，每个小组选择其中的一个心愿讨论讨论，猜想一下，上面 4 个同学的心愿卡里面，哪些东西是父母不会同意购买的，为什么？说说你的理由。讨论后选一个代表汇报一下，其他组可以适当补充。（板贴：能要？）

2. 交流预设

A. 一个盲盒要五六十块钱，价格很贵了。盲盒之所以好玩，是受广告的影响，拆盲盒很刺激，但是这股新鲜劲儿一下就过去了，没意义。（评价：新鲜感、刺激感是一时的，在选择自己想要的东西时也要适当地克制。）

B. 普通乐高和豪华乐高的差别在于零件的数量，两种乐高的效果是一样的，都可以锻炼我们的动手能力，不一定要豪华乐高。（评价：有些玩具虽然能锻炼我们多方面的能力，但能力的培养是日积月累的，数量较多的乐高搭建起来也需要花费较多的时间，要去考虑是否真的需要，选择时要合理比较，选适合的。）

C. 小动物能陪伴我们成长，但生活中父母会考虑卫生、健康等问题，照顾小狗也需要花费心思和时间，爸爸妈妈工作已经很忙了，我们又要上学，没办法照顾好它。（评价：同学们都很有爱心，在我们没有能力照顾好自己时，就不要给爸爸妈妈增加负担，要自我克制。）

D. 购买手机要看我们的学习和生活是不是真的需要，长期使用电脑会对视力造成影响，而且过度玩游戏、刷抖音会影响自己的学习。（评价：我们在选择自己想要的东西时还要看到事物的两面性，不能一味攀比，如果这个东西带给你的弊大于利，影响健康、影响学习，就要合理比较、自我克制。）

3. 通过大家积极的发言我们了解到，心愿单上的很多东西，有时会因为我们受广告影响、被外包装吸引或羡慕别人等因素变成我想要的东西。爸爸妈妈也会根据具体情况做出决定，我们要合理比较、自我克制。想要不等于能要。（板贴：不等于）

4. 我们的一些愿望确实不合理，让我们欣赏同学为我们带来的情景剧《我也想要》。

（1）思维碰撞：如果你是浩浩爸爸，你会怎么答复他？

（2）如果这次，爸爸因为疼爱浩浩，怕孩子被别人瞧不起，咬咬牙给浩浩买了一双价格昂贵的运动鞋，满足了浩浩的心愿。下一次呢？下下次呢？很多次以后会怎么样？

（浩浩会因为自己的心愿得不到满足而无理取闹，家庭负担越来越重。）

（2）我们身边这样的学生还真不少。播放"女大学生开学要'苹果三件套'，气哭母亲"的新闻事件及媒体对此所作的评论。（评价：这个女大学生爱慕虚荣、盲目攀比，为了自己的面子不考虑家庭经济条件，不体谅父母，这样的心愿是不合理的。）

5. 想要不等于能要。不同的家庭有不同的消费观念，不同的家庭条件也会有不同的消费水平。我们应该根据家庭的实际情况和自己的需求合理提出自己的心愿，做一个体贴父母的孩子。

活动三：情境体验明心愿

1. 今天，让我们和妈妈一起走进卖场，帮家里采购一些生活用品。

2. 卖场物品一览表。

3. 小组汇报。我们组认为……

4. 同学们能根据自身的家庭条件和真正需求进行判断，提出合理的心愿。现在请大家再次打开心愿卡，看看哪些心愿是你继续坚持的？哪些愿望是你觉得不合理需要改动的？拿起笔修改一下。（教师巡视）

5. 请谈一谈你修改了什么，简单说说理由。

6. 我们明白在面对自己想要的东西时，要合理比较一下，想想哪些要求是合理的？哪些是不合理的？学会自我克制，大家都能根据自己的实际需求进行选择，并且坚持下去！

活动四：分享经验学克制

1. 最近老师有个烦恼，我在商场看中了一个包，是个大牌子，拎出去肯定很有面子，我特别想要，但是家里已经有一个包了，那个包虽然旧了，用起来还可以。同学们帮我出出主意，我该怎么办呢？大家给我提提方法。（点名提方法）

2. 大家的办法可真不错，出示教材第39页的"帮一帮"。（转移注意力；找到可以替代的东西；冷静下来想想）

3. 刚才在修改心愿的过程中，同学们肯定也有同样的苦恼，面对想要的东西很难取舍，说出来，我们一起来帮你想想办法。

4. 看到同学们舒展了眉眼，我也替大家开心。通过合理比较、自我克制等方法，我们可以做出正确的购物选择，在爸爸妈妈的支持下买到那些我想要的东西，合理消费。（板贴：合理消费）相信大家经过这堂课的学习，都能成为懂事、勤俭、有生活智慧的学生。

5. 守则对我们也有一定的要求。（出示《中小学生守则》第9条，守则要求：勤俭节约护家园，不比吃喝穿戴，爱惜花草树木，节粮节水节电，低碳环保生活。）

七、板书设计

合理消费

想要　　不等于　　能要

合理比较　自我克制

体贴父母

【案例6-3】

美丽的蝶变

——我的生涯教育故事

杭州采荷第三小学教育集团　陈翠英

在我32年的教育生涯中，我始终秉持着让不同的人得到不同的发展的育人理念。其中，"学困生"的转化一直是绕不开的话题，我也一直在探索转化"学困生"的方法。面对"学困生"，首先我会通过各种途径发现问题，深入了解，对于"学困生"的帮扶教育一直秉持"尊重学生，呵护关怀；培养兴趣，挖掘亮点；鼓励赞美，建立自信；加强辅导，小步慢走"的原则，采用个性化的施教方式，帮助每一个学生收获成长，蜕茧成蝶。

一、发现问题　深入了解

去年在正式接手四年级之前，原来的数学老师兼班主任与我有过交流，说班里有个学生父母离异，跟母亲一起生活，这个学生学习一直很勤奋，就是成绩上不来，每学期会有跟妈妈怄气不来上学的情况。所以开学第一堂课，我就一眼认准了那个坐在角落里的小姑娘——就是班主任口中的"认真的学困生"小A。在开学的几节课里，我也经常观察这个学生的上课状态，确如其他教师所说，在数学课堂上她总是坐得端端正正，没有任何小动作。但是她很少主动举手发言，跟不上课堂的节奏。细看那乌溜溜的眼珠子，仿佛没有聚焦，我一度很困惑她到底是走神开小差了，还是陷在了难题中。在课后，她的作业总是写满卷面，涂涂改改非常严重，在涂涂改改的作业里，我找不到清晰的解题步骤。她的基础知识和基本方法都掌握得不是很扎实，数学思维能力更是薄弱。每次检查作业，我发现她的解决问题部分总是经常空题漏题，尤其是遇到非常规问题，她更是完全没有思路。因此，她的学习成绩也只能在班级中下游水平徘徊。32年教龄的经验告诉我：这个学生很想学好，但是她的小脑袋可能转不动，需要一个助推力。

二、尊重学生　呵护关怀

为了更加深入地了解学生，我经常与小A同学的妈妈就学生的学习情况进行交流。小A妈妈非常配合学校和老师的教育，每天辅导作业到很晚，但是她也非常无奈，不知道怎样才能帮助孩子有所提高，只能陪着她一遍一遍地做题目、讲题目。时间长了，小A经常与妈妈闹脾气，不肯听妈妈的话。有一次，也是因为学习上的问题，母女俩较劲，谁都不肯向对方低头，然后第二天妈妈为了惩罚孩子，不让孩子来上学。我听说了这件事，立马打电话跟小A妈妈交流，让她立马把小A送到学校来。小A妈妈的一句话让我陷入了思考，她说："老师们的责备我都已经习惯了"，可以想象出电话那头家长的无奈与伤心。我不禁反思：学生和家长长期收到负面的评价，时间久了就丧失了学习信心。我们是不是应该改变一下教育学生的方式呢？带着这个思考，我开始寻求帮助这个学生的方法。我一方面跟家长交流怎么处理亲子关系，一方面教育学生怎么与长辈相处。

小 A 妈妈说孩子在考前负担重，总觉得一定要完成老师发的所有资料，做到很晚，说她一定要考好，不能辜负陈老师对她的期望，于是晚上没休息好。我特别心疼小 A，然后跟她谈了很多，跟她说："工夫在平时，平时你已经扎扎实实在学习了，考试时一定要自信，冷静面对。人生有无数场考试，现在面临的只是一场小测验，不要太在意，放松哦。"

三、培养兴趣　挖掘亮点

每个单元结束后，我都会布置一项思维导图的整理作业，帮助学生对整个单元的知识点进行系统的归纳。有一天，当我正在翻看学生的作品时，一张制作精美的思维导图吸引了我的注意：一棵粗壮的大树上延伸出了条条枝丫，分别是"算法""算理""性质""运算顺序""意义"，每条枝丫上还点缀着一朵朵小花，花朵里是每个知识点的举例。整张思维导图图文搭配、构图精巧、条理清晰，令我惊叹，尤其让我惊讶的是右下角居然是小 A 同学的署名。这是我第一次看到小 A 同学如此用心地对待数学作业，我的脑海中逐渐萌生了一个想法。

四、鼓励赞美　建立自信

中午，我把小 A 同学叫到办公室，她坐在椅子上局促不安，眼神不敢望向我，一直盯着自己紧握的手。我握了握她的小手，递给她一瓶牛奶，又把她的思维导图作品放到桌子上，开口道："小 A 同学，在同学们交上来的 30 多幅作品里，我最喜欢的就是你的这幅，这次作业你完成得太棒了！"她惊喜地抬起头，脸颊也红扑扑的，眼神仿佛迸发出了绚丽的光彩。我继续问道："你很喜欢画思维导图是吗？"小A同学点了点头，开口说："是的，我画这张图用了一整天。""哦！原来你投入了这么多的时间和精力，才诞生出这张优秀的作品呀！"我也开玩笑道："难怪这张周末练习后面都忘记做了呢。"小A同学羞愧地低下了头，支吾着说道："我是先写周末练习的，但是做到后面我就不会了，感觉我再怎么想也没用，我就去做我喜欢的思维导图了。"我摸了摸小A同学的脑袋，说道："没关系，不懂的题目我们可以用你最擅长的画图来分析。不信你试试，你能把这道题的信息画出来吗？"小A同学拿起笔，在题目旁边开始画……"这条线表示什么呀？""你画得很简洁，很有数学的味道。""你看这里再加个小符号是不是表示得更清晰了？""连起来看看你有什么发现了吗？"……我陪着她一点点画，一点点描述，一点点分析，小A同学的回答越来越快，思路也越来越清晰，很快就把空题都做完了。

经过这件事，我对这个小女孩有了新的看法。她在做作业时经常产生畏难情绪，不愿意深入思考，但是她其实很愿意把时间和精力投入自己喜欢的事情上，更愿意做一些动手操作类的作业。我想：是不是可以先从实践性作业开始做起，培养她学习数学的兴趣与信心呢？

恰逢国庆小长假，在放假前一天的数学课上，我宣布："这次长假，我不发卷子练习了，只有一个实践作业。"班里瞬间炸开了锅，响起欢呼雀跃的声音，小A同学的眼神也是亮亮的。我在屏幕上展示了过去几届学生的研究报告，同学们都看得目不转睛。紧接着，我组织全班学生对于想要研究的数学问题展开头脑风暴。"我想研究冬奥会里的数学知识""我想研究跟足球有关的数学知识""我想研究蜂巢的形状""我想研究莫比乌斯环""我想研究魔术"……学生天马行空，纷纷提出了自己的想法。我走到小 A 同学身边询问，她有些害羞地说："我想研究纸。我之前在一本书上看到过，感觉很神奇，我想试一试。"我蹲下来平视她，她的话逐渐多了起来，整个人神采飞扬，我好像看到了完全不一样的小 A 同学。我细细地听完了她的构想，不禁被她脑海中的奇思妙想所吸引。"你的想法很有意思，我支持你，我已经迫不及待想看到你的成果了。"

在团队分组时，我正式任命小 A 同学为他们小组的组长。有个男同学小声嘟囔："她数学又不好。"马上有同学反驳："我觉得她想研究的问题最有趣，我想加入她的组。""我也想加入，组长快选我。"……好几个同学都高高举起手，争着要做这一组的组员。小 A 同学的眼神越来越亮，抑制不住的兴奋。我微笑地看着她，感受到一粒小种子在这个学生的心间慢慢地发芽了。

五、加强辅导　小步慢走

假期第一天，小 A 同学的妈妈打电话感谢我，高兴地告诉我小 A 同学这个假期写作业不像以前那么抗拒了，回家当晚就自觉地坐在书桌前把作业全部完成了，还催着她去帮忙买材料，说要做数学小实验，头一次感觉小家伙学习数学这么有劲头。我听了也很高兴，并与她分享了自己以前在家指导儿子学习的经验，鼓励她可以趁此机会全力支持孩子进行数学研究，可以适当地给孩子建议和帮助，激发孩子学习数学的兴趣。

又过了两天，我在班级群里新建了一个文件夹，供学生上传初步成果。一方面方便我进行查阅指导，另一方面方便学生之间相互学习和启发。不出所料，小 A 同学是第一个上传成果的。初步猜想、实验过程、数据记录、结论感想，每个环节都做得有模有样的。报告下面还用红色小字标注了自己研究中遇到的小困惑，希望我能够给予帮助。

我马上给小 A 同学打了视频电话，大力表扬了她对待作业认真的态度与超高的效率，然后就她的实践性作业成果进行了细致的指导。比如为了使实验数据更加真实可靠，实验次数应当不少于三次，必要的时候可以用公式计算来推导出结果；研究的步骤要有逻辑，可以根据"提出问题—尝试实践—验证推理—得出结论—拓展延伸"的写作支架来撰写报告；报告中不仅有文字，还可以加入图片、表格、动画、视频等来进行分析说明，文章措辞也要更加精准；最后还可以有一定的拓展延伸，丰富实验的内涵。小 A 同学接受了我的建议，马上又投入新一轮的研究中。这个假期里，我通过视频会议与小 A 同学及其组员进行了多次点对点的交流与指导，对小 A 同学领导下的实践探究表示充分的肯定与赞赏，同时感受到了学生参与实践作业的热情。

回校第一天，我专门用一节课的时间给同学们展示汇报实践作业的研究成果。在学生的掌声以及我鼓励的眼神中，小 A 同学作为小组代表走上讲台，打开自己制作的课件进行介绍。看着她在台上侃侃而谈，我仿佛看到了一个发着光的小 A 同学，浑身洋溢着发自内心的快乐与自信。汇报完毕，全班同学都对她精彩的实验内容以及缜密的研究思路报以热烈的鼓掌，小 A 同学羞涩地笑了，眼神里是止不住的自豪。我知道，研究的小芽儿已经慢慢开花了。

六、收获成长　蜕茧成蝶

接下来每一次实践作业，小 A 同学都全心全意地去钻研。她的作品多次被全班同学评为"最受欢迎奖"，本人也多次被评为"最想搭档的组员"以及"最佳队长"，她从一开始在班里的默默无闻渐渐变成了实践小明星。小 A 同学对世界有着充沛的好奇心，会从全新的角度看世界，经常能在生活中发现与数学有关的问题，并在实践过程中发现、挖掘新的问题。

而这种好奇心也被迁移到了数学课堂的学习中。每当在数学课上学习了新知识，她就会带着数学的眼光寻找生活中的案例，然后在班级里"招兵买马"自行开展研究。

课堂上的她越来越专注，越来越自信，慢慢能够跟上老师上课的节奏，课上也越来越多地能听到她精彩的回答，甚至能自编口诀帮助记忆。在遇到难解的数学问题时，她也不会轻言放弃，而是换个思路去尝试解答，也会经常主动地找老师或同学讨论问题。在她不懈的努力之下，数学成绩也进步显著，四年级上学期区里抽测，她的成绩已提升到了班级中上游的水平。五年级时，她已经是班级里的优秀学生代表了。在她的眼里，数学不再是一门难懂的"天书"，作业也不再是一项沉重的"负担"，学习成为了她打开新世界的"钥匙"，是她与生活沟通的"桥梁"。

实践作业，不但改变了学生的学习方式，同时也改变了我的教学方式。我意识到自己不仅是知识的传授者，更应该成为学生自主学习道路上的引路人。借助实践作业，我将数学课堂延伸出教室，让数学学习走出校园、走进社会，促进学生数学核心素养的提升。

巴金曾说过："我的生活目标，无一不是在帮助别人，使每一个人都得着春天，每颗心都得着光明，每个人的生活都得着幸福，每个人的发展都得着自由。"我想，这不正是我作为教师的幸福所在吗？教育应当如春风化雨，润物无声，让我们用爱的教育温暖求学道路上的每一个学生！

【案例 6-4】

基于问题导向的教师 PBL 教学能力提升研修典型案例

杭州采荷第三小学教育集团　周建芬　陈佳佳

随着教育生态的变化，学校将教学目标聚焦学生的探究能力和学习力，更加强调学生素养的提升，传统教学模式亟待改变。PBL 是 Project based learning 的简称，即基于项目的学习。PBL 旨在培养学生的创意思维、创新能力、自主学习能力及批判思维。实施 PBL 教学法能极大地满足学生核心素养发展的需求。

一、立足实际　问题导向

近年来学校一直致力于课堂教学变革的探索，努力改变教学方式，让教育真正发生。为此，自 2020 学年起学校全面开启了 PBL 教学的全面探索，同时也申报成为江干区项目式学习联盟学校。实施项目式学习，教师是重中之重，我们必须直面以下问题。

（一）项目式学习将是教改新趋势

近年来，项目式学习在国内逐渐受到重视。2019 年，《国务院办公厅关于新时代推进普通高中育人方式改革的指导意见》提出注重"项目设计"等跨学科综合性教学，《中共中央国务院关于深化教育教学改革全面提高义务教育质量的意见》也提出开展"项目化学习"。大量研究表明，项目式学习不仅可以提高学生学习成绩，而且对思维能力、深度学习能力、跨学科学习能力、可持续发展能力等有很好的促进作用。项目式学习是推动课改和教改的抓手。

（二）教师 PBL 教学能力亟须提升

PBL 教学对指导教师提出了新的挑战。要实施项目式学习，教师必须打破传统教学观念，转换角色，成为 PBL 教学活动过程的策划者、组织者、指导者、参与者，而教师现有的水平和能力无法满足 PBL 教学顺利开展的需求，教师 PBL 教学能力亟须提升。

（三）传统研训模式不适应新场景

随着教师队伍的不断壮大，教师结构不一、素养不一的情况凸显，传统的一对多的研训模式无法适应新场景的要求。在学校全面实施 PBL 教学的当下，具备"采三"特色的教师 PBL 教学能力提升研修模式亟待探索。

二、设计研训模式

系统合理的规划和顶层设计是 PBL 实施研训的基石。通过自主研修和同伴互助式研修让教师明确 PBL 教学的内涵，改变教师观念，建立指导实践的理论认知体系。通过案例观测、教学实践，让每位教师不断积累经验，在探讨中产生思维碰撞，在阶段实践反思中提升认知，从而进一步指导实践。通过构建分年级组的教研团队，开展每周模块教研，在寻找共性问题的同时，探索针对性的教学方式，改进 PBL 的教学设计和教学策略。

基于首次接触 PBL 教学，必须做到循序渐进，充分尊重认知发展的一般规律，系统设计研训模式。通过实践—认识—再实践—再认识的研训模式，以达到教师 PBL 教学能力提升的目的。（图 6-9）

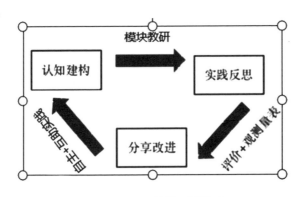

图 6-9　PBL 教学研训模式

三、直面问题，实施过程求真

（一）认知建构，改变传统理念

改变课堂必须先改变理念，要开展全校性的 PBL 教学研究，统一教师思想，改变传统教学观念是重中之重。

1. 阅读挑战话项目

学校借助全校阅读挑战年的契机，专门针对项目式学习开展了好书共读的活动。通过共读活动，教研组内的每位教师分享了自己的读书笔记与读书感悟，从而让教师产生共同的话题，并在交流分享与讨论中理解项目式学习的内涵，为课堂实践奠定了理论基础。（图 6-10）

序号	书名	序号	书名	序号	书名	序号	书名
1	《我们仨》	16	《卡夫卡是谁》	1	《非暴力沟通》	18	《朗读手册》
2	《活着》	17	《冰凌窗花》	2	《儿童心理学》	19	《翻转课堂的可汗学院》
3	《平凡的世界》	18	《狼图腾》	3	《给教师的建议》	20	《未来学校》
4	《亲爱的安德烈》	19	《天才在左，疯子在右》	4	《爱弥儿》	21	《于永正语文教学精品录》
5	《美学散步》	20	《终身成长》	5	《薛瑞萍班级日志》	22	《未来学校》
6	《傅雷家书》	21	《巴黎圣母院》	6	《在与众不同的教室里》	23	《教学勇气——漫步教师心灵》
7	《格局》	22	《三体》	7	《给孩子立规矩》	24	《管一辈子的教育》
8	《解忧杂货铺》	23	《家》	8	《正面管教》	25	《为未知而教，为未来而学》
9	《你当像鸟飞往你的山》	24	《谁动了我的奶酪？》	9	《教育的情调》	26	《面向个体的教育》
10	《明朝那些事儿》	25	《大国大民》	10	《做最好的班主任》	27	《如何说孩子才肯学》
11	《小王子》	26	《洞见》	11	《爱的教育》	28	《岁月如歌》
12	《孔子》	27	《看不见的城市》	12	《规矩和爱》	29	《项目化学习设计》
13	《追风筝的人》	28	《雅舍谈吃》	13	《今天可以这样做教师》	30	《教室里的非暴力沟通》
14	《张晓风散文精选》	29	《美的历程》	14	《智慧班主任有人锦囊》	31	《教育的细节》
15	《傻笑着读懂亲子心理学》	30	《历史的温度》	15	《打造儿童阅读课堂》	32	《静悄悄的革命》
				16	《可见的学习》	33	《核心素养导向下的课堂教学》
				17	《美其所美》		

图 6-10　阅读挑战项目的书目

2. 专家引领识项目

研修初期学校邀请了省教研室方凌雁老师为我们带来《项目学习——学法变革的可能路径和实践期待》专题讲座，方老师从项目式学习的概念、如何开展跨学科整合、项目式学习面临的困境几个方面入手，带老师们深入项目式学习世界。值得一提的是，学校还邀请到来自美国北得克萨斯大学的孟南希博士，通过钉钉视频连线，展开了一场特别而富有意义的讲座与交流。孟老师从不同的视角，结合大量案例深入浅出地为教师慢慢揭开了"项目式学习"的神秘面纱。(图 6-11)

图 6-11　与国内外专家交流

3. 一人一项探项目

实践是研究的最终落脚点，为了推进 PBL 的实践研究，也为了了解教师们的起点，学校完善第三教育空间整体架构，将原来每周四下午的拓展性课程从传统学习转变为项目式学习。通过项目申报、项目审核、项目修改等一系列的规范流程，最终产生了 9 个项目，如"印象杭城"，从观杭城变迁到制作《交通变迁》版画作品；"廿四节气，习自然之礼"，从观察日出日落到太阳公转知识的学习，以节气为桥梁，沟通人类和自然万物；"创客空间"，从发现问题到解决问题，以需求为导向，设计有意义的产品……每一个项目无不体现着育人的目标，培养适应未来社会生活的新时代公民。

4. 多元渠道思项目

项目式学习的落地，必须从课堂中来，在体验之思中提升。理念导向是提升的重要环节，为此，学校专门开辟了项目式学习成果系列展播活动，在这里教师可以呈现项目的设计理念以及研究的成效，在展示之余也提供一个互学共进、交流学习的机会。此外，学校还利用之江汇教育平台，让教师上传自主研发的项目案例，供更多的校内外教师一起交流讨论。在线交流的方式让教师不受地域的限制，结合教学实践，促使更多的教师认真撰写案例，及时反思。如此循环上升，项目式学习的教学研究得以持续发展。

（二）问题导向，开展模块教研

基于问题的精准化教研，注重教学和研讨学习的结合，根据教学过程中存在的问题，展开针对性的教研，寻求优化教学策略。学校把每周四下午第三教育空间项目式学习结束之后的时间，定为项目式学习教研时间，各校区以大项目组为单位展开教研，团队分别由一名校级领导、五名教学部门管理人员，分别驻点跟进项目设计和实施。（表6-3）

表6-3 项目式学习教研团队

年 级	负责人（校级）	团队成员
语文学科拓展类项目	杨欣	包建霞、赵晓霞、戚燕琦、楼梦伊以及语文学科拓展类项目全体教师
数学学科拓展类项目	严红兴	冯蓉兰、俞登挥、周敏、熊雨婷、沈绿萍以及数学学科拓展类项目全体教师
综合实践类项目	周建芬	陈初阳、谢滢、陈佳佳、夏雨、林佳丹以及综合实践类项目全体老师
跨学科类项目	张智利	李杰、郝蓬勃、张红叶、王美、陆嫘以及跨学科项目全体老师

在校长室的引领下，学校教导处建立了项目式学习教研制度。教研团队每周活动一次，每周做到"三确定"，即定目标、定主题、定内容。驻点校长和教学管理人员进行"三督促"，即督促按时、按项目、按内

容完成教研活动。学校建立相关制度后，为跨学科教研活动的具体实施、资源条件等提供了保障，避免了走过场现象，保证了教研活动的质量。每次教研活动均围绕实践中的问题展开研讨。

1. 概念不清——群体先行研教学模式

（1）青年教师课堂沙龙

为促进 PBL 教学进一步落地，学校青年教师先行，以课堂沙龙的形式开展常态教研，在学习和对话中，明晰 PBL 教学特点（图 6-12）。各组人人参与，鼓励年轻教师先尝试独立设计开发项目，再邀请师父进课堂，在共学共研的过程中促进 PBL 教学水平的提升。在近两个星期的准备中，年轻教师自主选择课题，设计方案，请组内教师共同研讨打磨，通过前测了解学情，定制项目方案，准备学具。一次试教，二次试教，三次试教……教师努力着，磨砺着……

图 6-12　青年教师课堂沙龙

例：24 节气项目由语文教师蒋慧萍、科学教师孙佳丽、数学教师周意三位教师共同负责开发，青年教师孙佳丽率先执教研讨课"秋分"。在教师的引导下，学生通过观察记录、发现规律、精细计算、提出问

题、合作探究、解决问题这一系列的探究之后，每个学生的研究报告都
非常有深度，关键能力得以发展。

（2）名师团队错峰晒课

2021年6月，集团6个名师团队在一周内全部开放课堂（表6-4）。
晒课单一经发布，无需预约、不限流量，直接听课。这几天教师穿梭在
各个教室，骨干教师自己也不忘见缝插针地听课。那种挤不进教室，趴
在门口也要听课的镜头真的令人感动。三校区在上课总量上相对均衡。
但教师为了不错过更多的学习机会，不惜驱车半个多小时，来回奔波，
只为汲取更多的PBL教学经验，树立PBL概念。

表6-4　名师团队错峰晒课

团队名称	时间	专题讲座	课堂教学	地点
一计合成队	6月3日 8:30	讲座：《聚焦核心素养　坚持学生立场——数与计算教学的思考》 主讲人：黄升昊	课题：《数的加减》 执教者：杨纯	采荷校区 报告厅
水漾年华	6月2日 14:00	讲座：《小学语文单元整合教学下的对比阅读策略研究》 主讲人：周建芬	课题：《"诺曼底号"遇难记》 执教者：李海娜	江锦校区 报告厅
九华论道队	6月2日 10:30	讲座：《基于核心素养的音乐学科单元整合教学》 主讲人：张智利	课题：《We are in the zoo》 执教者：郑碧艺	采荷校区 报告厅
无华有光队	5月28日 10:30	讲座：《解决关键问题　提升读写能力》 主讲人：任永光	课题：《巨人的花园》 执教者：沈燕	采荷校区 报告厅
20芳华	5月27日 10:30	讲座：《基于学情视角的写话教学探究》 主讲人：杨欣	课题：《这样想象真有趣》 执教者：张莎	采荷校区 报告厅
花木兰队	5月25日 14:00	讲座：《"三适"视角下的生成资源利用策略漫谈》 主讲人：冯蓉兰	课题：《生活中的体积》 执教者：任智康	采荷校区 报告厅

2. 目标低阶——课堂问诊研关键能力培养

在项目式学习中教师要让项目向有意义的学术目标看齐，确保PBL是学习的主菜而不是甜点，必须要关注学生核心关键能力的培养以及高阶思维的培养。在实践中，由于项目设计和教师引导的问题，学生的学习目标区域呈低阶化趋势，并没有充分挖掘出内在的核心素养。为了解决这一问题，开展"自研＋合研"二合一的教研方式。

（1）教师自研：（设计方案、人人一课）在选定项目后，教师进入自研的历程。项目式学习的成功关键是教师的先行探索与研究。根据项目申报方案，教师立足知识结构、能力提升要点、价值判断以及整体项目方向、重要的入项活动，通过丰富多样的探究活动、实验活动，以及孩子的不同表征形式和最后的成果设计项目式方案。

（2）团队合研：（磨课、课堂观察、评课、课堂量表分析）分析能发现的学生目标达成情况问题所在（表6-5）。在"自研"的基础上，

表6-5 采三"PBL"听课记录表

学科		上课教师		课题	
班级		日期		记录人	
具体情况	等第	情况描述			
个体学习时间					
常态合作学习					
教师有效提问					
学生乐于提问					
达成一课一练					
随堂练习有效					
综合评定					

通过数据，找出导致这种状况的教师个人层面和学生层面的根源性问题，之后再进行"合研"，针对问题，进行"靶向"问诊寻找。

（3）方案改进，形成范式。

3. 指导泛化——疑难沙龙研分层指导

尊重学生的个体差异，是每项教学都孜孜以求的。项目式学习中教师应化身指导者，让学生主体地位得以体现，引导学生在具体的项目实施中根据实际情况不断调整方案，以便更好地实现项目目标。在实际教学过程中，普遍存在个性化指导缺失的情况。针对这一现状，我校通过疑难问题沙龙（观点报告）、学术委员会指导、博士站专家指导的方式让教师在思辨中捋清思路继续前行（图6-13、图6-14）。这种活动形式活泼，针对性强，从问题出发，走向解决问题，把落脚点放在每个学生的收获中，让项目式学习更加高效，教师的PBL课堂把控能力也稳步提升。

图6-13　分层指导分析

4. 评价单——立体分析研多维评价

评价是项目式学习的关键问题。教师能否为学生提供高质量的反馈，或者帮助学生进行自我评估和反思直接影响了项目式学习的成效。受传统模式的影响，教师仍会将评价锁定在终结性评价上，为了改善评价机构，教研组开展了针对评价单一现状的研讨。

（1）重视个案分析。个案分析是 PBL 教学研讨活动的一种重要形式，教师分头梳理案例，做好教育叙事，助力教师做好提炼，深入开展研究。在案例分析的过程中，听众可以分析、内化、取长补短，在专家的助力下提炼内化。（图 6-14）

图 6-14　个案整理和分析

（2）突出自我评价。通过一学年的实践和反思，教师不断地进行项目的改进和调整，学期末每位教师梳理项目体系，整理好项目教案，进行深入的项目剖析和自我评价。

（3）做好作品展示。好的成果展示汇报也是项目评价的重要载体。每个项目要求学生除了完成子项目的成果汇报外，还要有年度的成果汇报，这既是完成自我评价的过程，也是在交流共享中的生生评价、师生评价以及社会评价。（图6-15）

图 6-15　作品展示

（4）改革学生评价。学生是项目学习的主体，学校十分重视学生的学习体验与收获，特为此开设了数字童年的项目式学习评价专栏。学生可以看到教师对学生的评价的同时还能对项目进行评价，进行线上的评价反馈。

（三）立足载体　激发研修活力

研修载体的构建对激发教师研修的活力起着至关重要的作用。富有价值引领和智慧激发、形式多样的载体，能有效激发教师的参与热情。在研修的过程中，创设良好的研修氛围，形成互助合作的形态，是激发教师内驱力的关键。

1. 营造真场景　沉浸体验

纸上得来终觉浅，绝知此事要躬行。真学习、真问题、真发生，只有真正浸润其中才能掌握 PBL 教学技能。在暑期研修中每位教师都化身为学生来体验课程。导师要求教师根据 PBL 项目设计要素，同一组的学员要在规定时间内，设计一个与学科知识相关的学生活动项目。项目的设计目的是解决生活中遇到的实际问题，因此我们从生活出发，集思广益，各显神通。有"商业观察"周边超市生存发展因素，以统计学、社会学、政治学为基础运用英语对话为学生展开调查、采访、统计的；有"走读杭州，研学手账"，结合当下热门话题设计研学方案的。通过教师的体验、导师的引导，大家深切感受到了 PBL 的魅力，也对基于 PBL 的学科教学有了更深的思考。

2. 搭建竞技平台　以赛促研

在教师培训过程中用技能大赛和业务竞赛来激发教师的参与热情和能力，是屡见不鲜的做法，这样的活动参与者确实会受益匪浅，但旁观者却收效甚微。为了一改这个弊病，学校将全体按照入职年限和水平划分了两个组别，分别是菡萏、水华。针对这两个不同的层次的教师开展教学能力系列大赛，值得一提的是这些比赛都是以团队的形式比拼的。

（1）"菡萏杯" PBL 教学能力大赛

"菡萏"指教龄在五年内的青年教师。"菡萏杯" PBL 教学能力大赛内容包括：理论测试、PBL 教学、PBL 教学设计。值得一提的是，为了让所有人都动起来，充分参与，本次活动以教研组为单位，一起备课，轮流试教，除了教学设计，其他项目均到最后时刻抽签确定参赛者。背负着整个组的荣誉和压力，所有参赛人员全身心投入。

（2）"水华杯"骨干教师教学艺术展示

"水华"指 35 周岁以上的教师。为了更好地激发骨干教师的积极性，发挥他们在 PBL 教学上的示范引领作用，从而推动 PBL 教学研究向纵深方向发展，学校专门为这部分教师开设了"擂台"。内容包括现场抽题目撰写 PBL 课堂教学设计、PBL 精准教学课堂教学大赛。"水华杯"竞赛颠覆了大家的认知，骨干教师原来也可以那样充满活力、激情无限，在活动中，骨干教师团结一心，用最简单而直接的方式向教师传达了他们对 PBL 的理解，让青年教师受益匪浅。活动过程中的观点碰撞更是让 PBL 教学的理念得到了升华。

3. 立足品牌项目，夯实基础

新教师暑期成长营和"采三之夜"学习会是学校新教师培养的品牌项目。在项目推进的过程中，学校立足这两大平台挖掘优质资源，做到项目式学习的理论研修和自主研修相结合，注重教师内驱力的激发。每位教师通过观点报告、案例分析、辩论赛、情境表演，并在导师助力、同伴互助的路径下，夯实项目式学习设计与实施的基础。

4. 精彩共分享，在反思中前行

（1）PBL 教学专题报告

在不断构建实践和研训载体的同时，经验的分享和反思是提升内化的关键。在组队竞赛之后，基于各组的研究主题，开展精准教学主题报告是为了引发对精准教学的深入思考，以及为今后的发展助力。论坛中项目的代表，都以"菡蓉杯"和"水华杯"的赛课为蓝本，交流组内教师共同研课的经历，分享精学教学的实践体会。经过提炼和加工的设计理念和现实案例的紧密结合，能让听众在精准教学研究的广度和深度上有进一步的提升，为 PBL 教学的深入研究打下基础。

（2）项目式学习成果展

教学不仅是一门科学，而且是一门综合的艺术。通过一系列的教学实践的研究和坚持，教师纷纷积累了自己的 PBL 教学成果，举办成果展的目的是在回顾和总结学习历程的同时让智慧在此交流共享。成果展展示了基于个性发展、核心素养培养的93个项目，混龄走班制的独特模式让这个"私人订制"匠心独具。创客空间、木工坊、4D视野……连廊上琳琅满目的艺术展总能一遍遍地吸引学生驻足欣赏。动手做玩具、传统体育游戏、空"鼓"幽"铃"……看着小伙伴玩转着自主设计研发的玩具，每个学生都蠢蠢欲动。每位教师都手拿观摩体会摘录，边学习，边记录，在欣赏的同时思索着改进教学的方法，PBL教学的研究在此时得到升华。

四、研究成效

（一）促进教师发展

一年多时间，学校致力于"教师PBL教学能力提升"研究，各教研组研训氛围浓厚，各层面教师都在教育教学研究中收获了成绩。学校目前有省特级教师1人，省教坛新秀1人，高级教师9人，区名师4人，二、三层次骨干教师28人，区名班主任4人，区二、三层次骨干班主任9人，骨干教师队伍日益壮大，超学校总人数的30%。在全体教师的努力下，学校科研成果硕果累累。其中《疫情下PBL教学能力培养的云研训模式探索》《素养本位下基于项目式学习的数学实验设计与实践》立项为省级课题；《走读名企：基于第三教育空间的项目式学习研究》《日行一善：培养小学生"善行"的特色实践活动的设计与实施》《基于小学生科学核心素养的"景观视界"微项目式学习设计与实践研究》《三适空间：小学生生涯启蒙教育新平台研究》《"体验式"走班阅读课程开发与研究》等10项成果获区一、二、三等奖；《"防"疫病毒"疫"起创想》《博物馆中STEAM创客教育活动设计》《我是"毅行"设计师为例的综合拓展课设计和优化》在省、市、区层面杂志发表。

各层次教师在不同级别的公开课、赛课活动中精彩亮相，受到了在场专家的一致好评，取得了很多可喜的成绩。

（二）学生的学业水平正在稳步上升

经过一年的 PBL 教学课堂实践，学生的自主学习能力得到发展。课堂上，学生思维活跃，思路开阔，在交流学习过程中有独特的见解。学生经常被邀请参加全国"千课万人"的教学展示活动，而且涉及语文、数学、英语、音乐等多个学科。学生在课堂上的学习积极性、自主学习能力、合作学习能力等，让与会的专家和教师刮目相看，赞不绝口。学生在参加区里的各学科学业监测过程中，每学期都交出令人满意的答卷，学校已经连续七年获得"江干区教学质量优秀奖"的殊荣。

（三）课堂教学质量有明显提高

一年来，在课题的引领下，学校教师深入贯彻 PBL 教学理念，努力提升教师 PBL 教学能力。在轻负高质的前提下，学生的自主学习能力大大提升，一年来各门学科在区学业水平测试中均名列全区前茅。

（四）全面更新了教师的学习观念

由于本研究对象是课堂教学，规划的活动多以团队协作的形式为主，所以教师的学习发生了从个体学习向群体学习及合作学习的改变。通过"菡萏杯""水华杯"的系列活动，教师的团队合作意识空前提升。夏雨老师在菡萏杯教学大赛之后感慨道"连续一个星期和大家一起磨课到深夜，虽然很辛苦，但能一起并肩战斗相互成就的感觉真好！"这位老师道出了教师的心声。这位老师的教学能力也在活动中有了显著的提升。在这一年的 PBL 研究过程中，集体磨课、团队评课、共读好书都是常事。

学校在 PBL 教学实施的过程中，脚踏实地不断前行，也取得了一些成果。经过系列、递进式的校本研修的开展，教师的 PBL 教学实施能力得到提升，课堂教学效果显著，在以后的工作中，学校将继续推进校本深度研修，为教师的专业化发展搭建更广阔的平台，助推教师专业成长。

第七章

强国建设：
生涯启蒙教育的未来展望

2023 年 5 月 29 日，习近平总书记在中共中央政治局第五次集体学习时强调，建设教育强国，基点在基础教育。基础教育搞得越扎实，教育强国步伐就越稳、后劲就越足。可以说，建设教育强国已经成为新时代教育发展的战略选择。本质上，教育强国是指一个国家具有强大的国家教育能力，能够全面地确保教育中人的现代性增长，并表现为强大的教育综合实力——从内部看，建立起高质量、可持续的教育体系，其教育创新能力突出，教育治理体系和治理能力现代化水平高，人才培养与教育服务能力卓越，不仅能满足人民群众日益增长的更高质量、更加公平的教育需求，而且能够支撑这个国家综合国力的强国发展需求；从外部讲，这个国家教育的国际竞争力和世界影响力都相当强。[①]党的二十大报告指出，要坚持教育优先发展、科技自立自强、人才引领驱动，加快建设教育强国、科技强国、人才强国，坚持为党育人、为国育才，全面提高人才自主培养质量，着力造就拔尖创新人才，聚天下英才而用之，并提出到 2035 年"建成教育强国"的目标。[②]生涯启蒙教育作为基础教育的重要内容，对于培养学生终身发展的能力、适应社会的能力、为国家和民族做贡献的能力等非常重要，是教育强国建设中不可或缺的重要组成部分。

---

①　张炜，周洪宇.教育强国建设：指数与指向［J］.教育研究，2022（1）：146—159.

②　习近平.高举中国特色社会主义伟大旗帜　为全面建设社会主义现代化国家而团结奋斗：在中国共产党第二十次全国代表大会上的报告［N］.人民日报，2022-10-26（5）.

■ 第一节　立德树人指引生涯启蒙教育建设方向

◆ 一、立德树人是教育的根本任务

2022 年 10 月，习近平总书记在党的二十大报告中明确指出，坚持为党育人、为国育才，全面提高人才自主培养质量，着力造就拔尖创新人才，聚天下英才而用之。要坚持党对教育事业的全面领导，全面贯彻党的教育方针，确保正确办学方向。不管教育发展到什么阶段，发展到什么程度，为党育人的初心不能忘，为国育才的立场不能改。[①]2023 年 5 月，习近平总书记在中共中央政治局第五次集体学习时强调，我们要建设的教育强国，是中国特色社会主义教育强国，必须以坚持党对教育事业的全面领导为根本保证，以立德树人为根本任务，以为党育人、为国育才为根本目标，以服务中华民族伟大复兴为重要使命，最终是办好人民满意的教育。习近平总书记关于教育的系列讲话精神，为小学生生涯启蒙教育指明了正确方向，提供了根本遵循。

◆ 二、生涯启蒙教育要坚守育人初心

生涯启蒙教育要把为党育人、为国育才作为根本任务，作为初心使命，作为衡量教育成效的根本标准。无论生涯教育如何发展，如何变革，如何创新，我们都不要忘了我们是社会主义教育，不要忘了我们的初心使命，不要忘了我们改革的目的都是为党育人、为国育才，这个立场在任何时候都不能变，也不允许变。生涯启蒙教育指向学生的核心素养培育，而核心素养包含正确的价值观、必备品格和关键

---

① 莫洁.立德树人　为党育才［N］.光明日报，2023-06-05（10）.

能力，正确的价值观是第一位的，具有前提性、基础性和统领性的重要作用，正如陶行知先生所言："道德是做人的根本。根本一坏，纵然你有一些学问和本领，也无甚用处。没有道德的人，学问和本领愈大，就能为非作恶愈大。"生涯启蒙教育要把正确的价值观的培育放在第一位，这是生涯启蒙教育落实立德树人根本任务的重要体现。

■ 第二节　"五育融合"赋能生涯启蒙教育内涵提升

◆ 一、"五育融合"是教育的发展趋势

2018 年 9 月，习近平总书记在全国教育大会上指出，要努力构建德智体美劳全面培养的教育体系。之所以要强调德智体美劳全面发展，是因为长期以来存在的"疏德""偏智""弱体""抑美""缺劳"，以及各育之间的"彼此分离""相互割裂""互不相关"等痼疾，导致"片面发展""片面育人"，远离了"全面发展""全面育人"这一教育宗旨。在根子上，传统育人方式的弊端就在于"五育没有并举""五育不够融合"，因而"五育没有共生"。① 当前五育并举中存在单兵独进、割裂推进、表层推进、疲劳推进的单、散、浅、累。② 五育内部逻辑割裂、目标过分分解、过程过于条块割裂导致疏德、偏智、弱体、抑美、缺劳。③ 列宁曾说："没有年轻一代的教育和生产劳动的结合，未来社会的理想是不能想象的：无论是脱离生产劳动的教学和教育，或是没有同时进行教学和教育的生产劳动，都不能达到现代科技水平和科学知识现状所要求的

---

① 李政涛."五育融合"推动基础教育高质量发展［J］.人民教育，2020（20）：13—15.
② 褚宏启.五育如何并举［J］.中小学管理，2021（6）：60—61.
③ 宁本涛."五育融合"与中国基础教育生态重建［J］.中国电化教育，2020（5）：1—5.

高度。"①

● 二、生涯启蒙教育需要融合育人

我们是社会主义国家，我们的教育目的是培养德智体美劳全面发展的社会主义建设者和接班人，我国教育目的的理论基础是马克思主义关于全面发展的理论。要实现人的全面发展，必须要将教育与生产劳动结合起来，因为，"未来教育对所有已满一定年龄的儿童来说，就是生产劳动与智育和体育相结合，它不仅是提高社会生产的一种方法，而且是造就全面发展的人的唯一方法。"② 对于生涯启蒙教育而言，要充分借助五育融合的力量，赋能生涯启蒙教育的内涵提升，特别是要把劳动教育与生涯启蒙教育结合起来，充分发挥劳动教育综合育人功能，充分发挥学生在劳动实践，特别是社会实践中的育人功能，让生涯启蒙教育在五育融合中走向深入。

■ 第三节　生涯启蒙教育助力拔尖创新人才培养

● 一、拔尖创新人才培养迫在眉睫

2021 年 9 月 27 日，习近平总书记在中央人才工作会议上发表《深入实施新时代人才强国战略，加快建设世界重要人才中心和创新高地》重要讲话，全面、系统、深刻地论述了人才的培养和使用等各方面问题。③ 党的二十大也提出，着力造就拔尖创新人才，聚天下英才而用之。

---

① 列宁. 列宁论教育：上卷［M］. 北京：人民教育出版社，2001：37.
② 中共中央马克思恩格斯列宁斯大林著作编译局. 马克思恩格斯全集：第二十三卷［M］. 人民出版社，1974：53.
③ 习近平. 深入实施新时代人才强国战略　加快建设世界重要人才中心和创新高地［J］. 求是，2021（24）：4—15.

拔尖创新人才是创新精神、创新能力和创新成果的结合体，拔尖创新人才在中学期间，受到的是创新精神、创新能力的培养，而出创新成果，则是在大学期间或大学毕业以后。因此，中学培养拔尖创新人才，做的是打基础、作铺垫的工作，做的是只求耕耘、不问收获的工作。[①] 对于拔尖创新人才培养来说，打好基础非常重要，但基础不限于中学，实际上，小学阶段更是基础中的基础。

◆二、生涯启蒙教育赋能人才成长

生涯启蒙教育作为培养学生终身发展、全面发展和适应社会发展的重要教育方式，就是要尊重学生的个体差异，激发学生的优势特长，培养学生的实践能力和社会责任感，在生涯启蒙教育中，可以很好地发现学生的潜能和特长，对于拔尖创新人才的早期发现与培养意义重大。而且，生涯启蒙教育面向的是所有学生，实际上就是发现所有学生的个性特长和创造潜能，这一理念正符合 21 世纪教育发展的理念。赵勇教授认为："与专门挑选和培养所谓有潜力的创造创新人才截然不同的一种模式是，假定人人都有创造力，人人都有创新创造的潜能，而教育就是要培养每个人的创造力，因此创新创造创业能力教育不是局限于一小部分学生，而是面向全体学生。拔尖创新人才是成长出来的，而不是从小专门培养出来的。"[②] 这实际上意味着拔尖创新人才是从小成长起来的，而小学阶段是非常重要的阶段，小学阶段的生涯启蒙教育可以助力拔尖创新人才的早期发现与培养。

---

① 刘彭芝.关于培养拔尖创新人才的几点思考［J］.教育研究，2010（7）：104—107.
② 赵勇.国际拔尖创新人才培养的新理念与新趋势［J］.华东师范大学学报（教育科学版），2023（5）：1—15.

■ 第四节　教育数字化转型开辟生涯教育新赛道

● 一、教育数字化转型势在必行

信息时代，每个人都是"网络原住民"，这是信息时代人的发展和教育发展的现实起点，我们不能忽视数字化对一个人、一个社会、一个国家的重要影响。2023 年 2 月，中共中央、国务院发布《数字中国建设整体布局规划》，强调"大力实施国家教育数字化战略行动，完善国家智慧教育平台"。可以说，教育数字化已经成为教育转型升级的重要引擎，教育数字化转型也正在重塑新时代教育的理念，变革教育的实践。从某种程度上讲，没有教育的数字化，就没有教育强国，教育数字化是教育强国建设的应有之义，也是促进教育强国的重要手段。教育必须适应信息发展的要求，积极应对信息技术带来的挑战，适应信息技术发展的要求，进行开创性的教育数字化转型升级。

● 二、数字化提升生涯教育品质

对于生涯启蒙教育而言，数字化时代，传统的层级式的进阶之路已经逐渐向扁平化发展，个体的生涯发展呈现更多的灵活性和多样化，生涯规划的关注点也从关注职业生涯到关注整个人生设计。[1] 这种影响要求我们以终身学习的理念看待生涯教育。然而当前部分学校还没有认识到教育数字化转型对一个人发展的影响、对生涯教育的影响，部分教师也缺少对学生数字化素养和技术应用的引导，部分生涯教育课程内容还

---

[1]　Savickas, Mark L. Life design: A Paradigm for Career Intervention in the 21st century [J]. Journal of Counseling &Development, 2012, 90(1): 13—19.

比较陈旧，与现代信息技术和社会发展有所脱节，如果这种情况不得到改变的话，学生对社会的认识、对社会职业的认识、对未来就业的认识都会受到某些影响。数字化时代铸造了"数字原住民、数字移民、数字难民、数字公民"的区别，谁能够有效运用信息科技，便更有机会取得竞争优势，学校如果不转变生涯教育理念，重视数字化技术在生涯教育中的应用，学校或学生就容易失去发展契机，从而拉开更大的差距。①对于生涯启蒙教育而言，教育数字化转型既是挑战，也是机遇，要借助教育数字化赋能生涯启蒙教育，这是时代之要求，也是教育之追求，更是学生发展之需求。

① 陈宛玉，张文龙，叶一舵. 数字化时代生涯教育的理念转型与路径革新［J］. 苏州大学学报（教育科学版），2019（2）：55—61.

后 记

一场关于可能性的教育实践

西子湖荷风醉人，钱塘江潮涌炽热，在弥漫着江南独特气息的夏日，这本书终于画上句点，呈送读者。合上书页，十四年的教育探索之路如同一幅长卷徐徐展开，浮现在眼前的有家校社三方携手育人的温暖瞬间，更有无数孩子在这场生涯启蒙实践中展露的笑靥。从 2009 年"第三教育空间"理念的破土萌芽，到 2024 年生涯启蒙教育理论与实践的系统梳理，这段旅程承载着太多的感动、汗水与希望。

一、缘起：当教育走出围墙

2009 年，杭州采荷第三小学在教育改革的浪潮中率先迈出第一步，提出"第三教育空间"的创新理念，开创"宫校合作"教学模式，开发特色课程；2012 年，学校再次大胆创新，研发"走读杭州"主题综合实践课程，将博物馆的厚重历史、科技馆的前沿科技、文化馆的艺术魅力化为鲜活的学习内容。随着"宫校模式"向"走读模式"的深化，学生在多样化的职业体验中逐渐萌生出对未来的憧憬："我想当一名画家画出西湖的美""我想当企业家造福社会"……让我们欣喜地看见：教育真正的生命力，在于打破教室的边界，让世界成为孩子的课本；教育应及早对孩子进行生涯启蒙教育，帮助他们打开"看世界的窗"。于是，在 2019 年，我们正式开启小学生生涯启蒙教育研究，提出了"第三教育空间：小学生生涯启蒙教育新平台的创新研究"项目。

二、破茧：疫情中的教育突围

然而，2020 年突如其来的新冠疫情，线下实践被迫中断，实地调研陷入停滞，团队面临前所未有的困境。但教育者的初心与使命让我们选择在逆境中坚守。当物理空间封闭时，我们将工作阵地转移至云端，看到家长在线上分享展示孩子们"我是小当家""我是钱币收藏家"等活动情况时，便深刻理解了"家校社协同"的本质，教育联结的不仅是空间，更是心灵与价值的共鸣。于是，我们探索云上走读形式，通过分析研讨、案例反思，在蛰伏中积蓄力量。终于，在 2022 年，我们带着更成熟的思考出发，《家校社融通：小学生生涯启蒙教育的新探索》成功申报杭州市综合课题、浙江省规划课题，并凭借丰富的研究成果，荣获杭州市教科研成果一等奖、浙江省教科研成果三等奖。这份荣誉的背后，承载着团队成员对学生成长的孜孜以求，体现着我们无数个日夜的执着与坚守！

三、共生：一群人的教育远征

回顾这段征程，每一步的前进都离不开众多师友的相助。感谢浙江省教育科学研究院朱永祥院长、浙江大学教育学院刘力教授、杭州市教科院俞晓东院长，他们以高瞻远瞩的视野和严谨专业的指导，为研究注入学术深度；感谢浙江省教研室综合部主任方凌雁老师、杭州市教研室俞丽萍老师，她们对职业体验活动、生涯启蒙课程设计多次进行指导；感谢浙江少儿出版社金晓光主任给文稿做了初审；感谢上海教育出版社给了文稿出版的机会，感谢上海教育出版社编辑的审核及专业指导，让书稿更具可读性。特别要感谢原杭州市教科所施光明所长，从课题论证到成果撰写，从理论搭建到书稿的最终完成，始终给予倾力指导，并欣然为本书作序！

感谢采荷第三小学黄升昊校长在资源调配、教师激励上给予无保留的支持，为研究提供了坚实的保障；感谢王美、陈佳佳、余登挥老师，与我并肩作战，在实践中不断探索优化；感谢王思羽、陈翠英老师将生涯启蒙教育的理念融入日常教学，为生涯启蒙教育提供了鲜活的样本；感谢全体教师的全身心投入，是大家的智慧和汗水，让理论在课堂落地生根，让活动在实践中焕发生机……此外，我们还要向杭州市青少年发展中心、第二课堂基地、博物馆以及相关企业致以最诚挚的感谢。是你们敞开大门，为孩子们提供了丰富的实践场所，让生涯启蒙课程真正"活"了起来。这份跨越教育边界的合作，彰显了社会各界对教育事业的责任与担当。需要感谢的还有很多，若是要罗列出来，将是一份长长的名单，在此，一并感谢所有关心、支持生涯启蒙教育研究的各位同仁和朋友们！

四、远行，让未来在当下生根

然而，欣喜之余，我也深知本书存在诸多不足。在撰写期间，因本人援派迪拜中国学校，实践的时间与空间有限，资料收集不够全面深入，部分研究可能不够透彻，理论与实践的结合或许还存在欠缺。在此，恳请广大读者朋友不吝赐教，你们的每一条建议，都将成为我们继续前行的动力。谨此感谢！

　　教育是慢的艺术，生涯启蒙教育更是如此。随着教育数字化转型和人工智能技术的加速迭代，必会带来更多的机遇与挑战。我们期待，能与更多教育同仁及家长朋友们携手，共同探索适合中国儿童的生涯启蒙教育，让每一个孩子都能在真实的世界里，找到属于自己的星辰大海！让教育真正回归生活，让成长充满无限可能！

周建芬

2024 年秋于杭州